Lernkrimi Italienisch

Dieci minuti per morire

Alessandra Felici Puccetti
Tiziana Stillo

circon

Baierbrunner Straße 27, 81379 München
Ausgabe 2022
3. Auflage

Redaktion: Isabella Bergmann
Fachkorrektur: Valerio Vial
Produktion: Ute Hausleiter
Titelillustration: Karl Knospe
Lernkrimi-Logo: Carsten Abelbeck
Gestaltung: EKH Werbeagentur GbR, textum GmbH
Umschlaggestaltung: red.sign GbR, Stuttgart

ISBN 978-3-8174-1949-4
381741949/3

Besuchen Sie uns auf Instagram und Facebook: circonverlag

www.circonverlag.de

Vorwort

Liebe Leserin, lieber Leser,

sicher zum Lernerfolg – mit Spaß und Spannung! Die Compact Lernkrimis mit ihrer Kombination aus Lektüre und didaktischem Übungsanteil eignen sich hervorragend, um breite Sprachkompetenzen in der Fremdsprache zu erwerben. Der Lernende wird dabei durch die spannende Handlung, das angemessene Sprachniveau und den stetig ansteigenden Schwierigkeitsgrad der Übungen gefördert und motiviert. Ein ausführlicher Abschlusstest ermöglicht das Wiederholen und Festigen des Gelernten. In einem alphabetischen Glossar am Ende des Buches sind noch einmal übersichtlich alle Vokabeln zum Nachschlagen aufgelistet.

So lernen Sie mit Compact Lernkrimis:

- **Mit Begeisterung lernen:** Die packende Krimihandlung motiviert Sie beim Lesen des italienischen Originaltextes.
- **Wissen intensivieren und erweitern:** Durch die Kombination aus didaktisch aufbereiteter Lektüre und textbezogenen Übungen testen und trainieren Sie Ihre Sprachkenntnisse effektiv. Vokabelangaben auf jeder Seite unterstützen Sie beim Lesen.
- **Systematisch lernen:** Knüpfen Sie an Ihr individuelles Sprachniveau an und setzen Sie eigene Lernziele – linear im Schwierigkeitsgrad ansteigend oder mit punktuellen Schwerpunkten von Grundwortschatz bis Hörverstehen.
- **Unabhängig sein:** Lernen Sie individuell – wo und wann immer Sie wollen.

Viel Spaß beim **spannenden Erlernen der italienischen Sprache** wünscht Ihnen

Prof. Dr. Christiane Neveling
Didaktik der romanischen Sprachen, Universität Leipzig

Inhalt

Dieci minuti per morire

Alessandra Felici Puccetti

1 In forma per Vittorio

È una fredda mattina di gennaio. In un caffè di Corso Magenta a Milano, vicino al **Cenacolo** Vinciano[i], due amiche bevono un cappuccino.

> **L'Ultima Cena** (Das Abendmahl) von Leonardo da Vinci (1452–1519) ist eines der bedeutendsten Meisterwerke der italienischen Kunst.

Le due donne hanno più o meno cinquant'anni. Sono vestite elegantemente e **non hanno un capello fuori posto**.

"Non so proprio che cosa fare, Maria," dice la prima. "L'**addominoplastica** non è uno scherzo. Non è il botox... È un **intervento** lungo e dopo si deve **rimanere** in clinica. Però forse così..."

La donna **si interrompe** e **sospira**.

"Che cosa c'è, Cristina?" le chiede l'amica. "Dimmi tutto..."

"Beh, forse così Vittorio torna da me. Sai, **ormai** sono sicura: lui ha un'altra, una più giovane!"

Cenacolo *m*	Abendmahl
ϟ non avere un capello fuori posto	perfekt gestylt sein
addomino-plastica *f*	Bauchdecken-straffung
intervento *m*	Eingriff
rimanere	bleiben
interrom-persi	sich unterbre-chen
sospirare	seufzen
ormai	nun; schon, bereits

Maria sorride: "Ma no, Cristina, che cosa dici?"
"È così. E questa volta è una cosa seria."
"Cristina, ascolta: tuo marito ha problemi con la ditta, no? Per questo ti trascura. Tu invece hai un grande successo con i tuoi club..."
"Già: anche se c'è la crisi, la gente vuole rimanere in forma."
"Appunto! Tu sei il miglior esempio per la tua attività. Devi fare l'intervento per te, non per tuo marito. Fallo ora e quest'estate avrai una forma perfetta. Blasi è bravissimo... e molto discreto."
Maria chiama il cameriere.
"Prendono ancora qualcosa, signore?" chiede il ragazzo in giacca bianca.
"Sì, due prosecchi, per favore," risponde Maria.
Quando il ragazzo porta il prosecco, Maria alza il bicchiere e dice: "Alle cinquantenni!"
Cristina è ancora triste e l'amica insiste: "Non pensare troppo a Vittorio! Le amiche sono più importanti dei mariti... I mariti vanno e vengono."
"Lo dici tu perché hai già divorziato due volte."
"Certo, so di cosa parlo... E se veramente Vittorio ha un'altra, tu lascialo! Tante donne non possono farlo perché non

sorridere	lächeln
serio	ernst
ditta *f*	Firma
trascurare	vernachlässigen
invece	dagegen
successo *m*	Erfolg
appunto	eben
fare	machen, tun
avrai (avere)	du wirst haben
alzare	heben
insistere	*hier*: nachhaken
divorziare	sich scheiden lassen

hanno i soldi. Per te invece i soldi non sono un problema[i] ... Pensaci!"

Substantive, die auf **-a** enden, sind in der Regel feminin. Maskulin sind jedoch Substantive griechischer Herkunft, die auf **-ma** enden. Die Pluralbildung erfolgt mit der regelmäßigen maskulinen Endung **-i: il problema, i problemi; il programma, i programmi.**
Il cinema aber bleibt im Plural unverändert.

"Villa Virginia" è una clinica di chirurgia estetica sulla strada **verso** il lago di Varese, vicino a Milano.
La clinica **sembra** veramente una villa, non un **ospedale**: non è molto grande e ha un bellissimo giardino. Ora, ad aprile, il giardino è tutto verde. Il dottor Blasi sa che i suoi pazienti amano gli ambienti esclusivi.
Al primo **piano** della clinica, nella sua stanza, l'**infermiera** Anna Scalzone è davanti al computer.

Sono le cinque di mattina, è quasi giorno.
La notte è stata **tranquilla**, come sempre. Solo tre camere sono **occupate** e i pazienti dormono.
Gli interventi sono andati bene. I pazienti sono rimasti in clinica per **precauzione**, ma nessuno di loro **ha** veramente **bisogno di assistenza**.
Alle quattro Anna ha fatto un **giro** di controllo: tutto bene.

verso	in Richtung
sembrare	scheinen
ospedale *m*	Krankenhaus
piano *m*	Stockwerk; Plan
infermiera *f*	Krankenschwester
tranquillo	ruhig
occupato	besetzt
precauzione *f*	Vorsicht
avere bisogno di	brauchen
assistenza *f*	Betreuung; Hilfe
giro *m*	Runde

Esercizio 1: Presente. **Lesen Sie weiter und setzen Sie die Verben in die passende Präsensform!**

Al secondo piano, con l'infermiera Silvia Parodi, ci **1.** essere _sono_ i pazienti del dottor Forti. Anche loro non **2.** avere ________ problemi.

Anna Scalzone si alza e **prepara** due tazzine. Poi **3.** andare ________ a chiamare Silvia per bere insieme un caffè. Lo **4.** fare, loro ________ sempre a quell'ora, le **5.** aiutare ________ a rimanere **sveglie**.

La collega però non si vede.

"Sicuramente Silvia è uscita a fumare una sigaretta in giardino, come sempre," dice l'infermiera tra sé. "Quella perde il lavoro, se continua così! Prima o poi io parlo con il dottor Blasi!"

Anna beve il caffè da sola e torna al computer. Dopo un po' prova a chiamare la collega al cellulare, ma quella non risponde.

Il turno di notte finisce alle sette. Prima di andare via la Scalzone fa un ultimo control-

preparare	vorbereiten
sveglio	wach
fumare	rauchen
tra sé	vor sich hin
perdere	verlieren
cellulare *m*	Handy
turno *m*	Schicht

lo. Apre piano la porta della signora Rossi. La signora dorme tranquilla. La seconda stanza è quella del professor Monti. Anche lì va tutto bene.

Esercizio 2: Numerali. Schreiben Sie die Grundzahlen und die entsprechenden Ordnungszahlen auf!

1. 1 _uno_ _______ _primo_ _______
2. 3 _______ _______
3. 6 _______ _______
4. 10 _______ _______
5. 20 _______ _______

La camera della signora Landolfi è l'ultima del corridoio: per lei la privacy è molto importante. Cristina Landolfi ha fondato una catena di fitness club. È un'imprenditrice conosciuta e ogni tanto la invitano in televisione. Anche Anna l'ha vista una volta a un talk show. "Naturalmente," commenta ora tra sé, "la Landolfi dirà che ha una linea perfetta grazie ai suoi programmi di fitness..."

piano	leise; langsam
fondare	gründen
catena *f*	Kette
imprendi-trice *f*	Unternehmerin
invitare	einladen
dirà (dire)	(sie) wird sagen

Anna dà un'occhiata alla paziente dalla porta. Sta già per[i] tornare indietro, quando improvvisamente si ferma.

> Der Ausdruck **stare per + Infinitiv** bedeutet „im Begriff sein, etwas zu tun". Z. B.: **Sto per partire.** Ich fahre gleich los.

Ha visto qualcosa di strano. Forse è la posizione un po' innaturale della signora? In ogni caso è bene controllare da vicino.

L'infermiera arriva fino al letto. Tocca con la mano il viso della paziente.

"Signora! Signora!" la chiama.

La signora però non risponde: è morta!

Che cosa è successo? La sera prima la Landolfi stava benissimo. E anche alle quattro.

"Dio mio! E adesso? È colpa mia? Chiamo la polizia? No, con la polizia deve parlare il dottor Blasi, è lui il capo," pensa Anna.

L'infermiera cerca ancora al telefono la collega Silvia, ma quella non risponde. Allora, senza perdere altro tempo, corre ad avvertire Blasi. Per fortuna il medico passa il martedì notte in ospedale.

dare un'occhiata a	einen kurzen Blick werfen auf
improvvisamente	plötzlich
fermarsi	stehen bleiben
strano	seltsam, merkwürdig
in ogni caso	auf jeden Fall
toccare	berühren
viso *m*	Gesicht
morto	tot
succedere	geschehen
stava (stare)	(es) ging
Dio mio!	Oh mein Gott!
colpa *f*	Schuld
capo *m*	Chef
avvertire	benachrichtigen
per fortuna	zum Glück

2 Una sigaretta di troppo

Oggi il commissario Elisabetta Lenzi è arrivato presto in ufficio perché ha molto da fare.

"Buongiorno," lo saluta l'agente Boschi. "Hanno appena chiamato dalla clinica 'Villa Virginia': è morta una paziente."

età *f*	Alter
ritocco *m*	(Schönheits) Korrektur
violento	gewaltsam

Lenzi guarda l'agente poco entusiasta.

"Mi dispiace," dice quello, "ma non ci sono altri colleghi. Sa dov'è la clinica?"

Lenzi sorride: "Come no? Sono informata, alla mia età è ora di pensare a qualche piccolo ritocco... No, sul serio: conosco l'indirizzo. Morte violenta?"

"Non è chiaro," risponde l'agente. "Il direttore della clinica, il dottor Blasi, non ha detto molto. Quello pensa soprattutto al buon nome dell'ospedale."

"Lo credo: da lui va tutta la Milano bene[i]... Beh, allora a più tardi!"

Fast alle **Städte-** und **Inselnamen**, sowie Namen von Ländern und Regionen, die auf **-a** enden, sind feminin.
Mit dem Ausdruck **la + Stadtname + bene** (la Firenze bene, la Roma bene) ist der enge Kreis der alteingesessenen und betuchten Einwohner einer Stadt gemeint.

cancello *m*	(Gitter)Tor
sicuro di sé	selbstsicher
ingresso *m* principale	Haupteingang
chissà	wer weiß
voce *f*	Stimme
basso	*hier*: leise; klein, niedrig; schwach
probabilmente	wahrscheinlich
si chiamava (chiamarsi)	(sie) hieß
riuscire	gelingen
↯ entrarci con qc.	mit etw. zu tun haben
era (essere)	(es) war

Quando Elisabetta Lenzi arriva alla clinica sono quasi le otto di mattina.

Il dottor Blasi l'aspetta al cancello. È un signore sui sessanta, alto, con i capelli grigi. Vuole essere tranquillo e sicuro di sé, ma si vede subito che non lo è.

"Buongiorno, commissario! Non entriamo dall'ingresso principale," dice subito. "La gente pensa chissà che cosa quando vede la polizia... e Lei è in uniforme."

Poi, a voce più bassa: "La paziente è nella sua camera, al primo piano. Probabilmente la conosce di nome. Si chiama... si chiamava Cristina Landolfi."

"L'imprenditrice del fitness?"

"Sì, proprio lei. Un'infermiera l'ha trovata senza vita sul letto. Ho operato la signora Landolfi ieri mattina. L'intervento è riuscito perfettamente. Di sicuro non c'entra niente con la morte. Ho fatto anche un controllo nel pomeriggio: era tutto normale. Secondo me (i), commissario..."

> Wenn Sie Ihre Meinung äußern wollen, eignen sich folgende Ausdrücke:
> **secondo me...** (meiner Meinung nach), **per me...** (für mich), **la mia impressione è che...** (mein Eindruck ist, dass), **io credo/penso che...** (ich glaube/denke, dass), **sono convinto che...** (ich bin überzeugt, dass), **per conto mio...** (was mich angeht).
> **Achtung!** Die meisten Ausdrücke verlangen den **Konjunktiv**!

Lenzi interrompe il chirurgo: "Il **medico legale** è già per strada. Sentiamo che cosa dice lui."

"Sì, ma sono anch'io un medico e nella mia clinica non c'è mai stato un incidente."

"Va bene, dottore, va bene. Chi era[i] in ospedale questa notte? Voglio dire: personale e pazienti."

"La clinica è mia e del dottor Forti. Facciamo quasi tutti gli interventi in day hospital. Gli interventi con **ricovero notturno** sono solo il martedì. I pazienti lasciano la clinica dopo uno o due giorni. Il martedì notte dormo qui io, la sera dopo il mio collega. Se qualcosa non va, l'infermiera ci chiama. Non succede quasi mai, però. È stato così anche stanotte."

"Lei quindi ha dormito qui?"

"Sì, al secondo piano. Verso le sette di mattina mi ha chiamato l'infermiera Scalzone. **Purtroppo** ormai non c'era più niente da fare per la **povera** signora Landolfi."

"Le complicazioni sono sempre possibili dopo un intervento," commenta Lenzi. "Continuiamo: chi c'era insieme a Lei in ospedale questa notte?"

Era (er/sie/es/Sie war) ist die **Imperfektform** von **essere** (sein) und wird unregelmäßig gebildet: (io) ero, (tu) eri, (lui/lei/Lei) era, (noi) eravamo, (voi) eravate, (loro) erano.

medico *m* legale	Gerichtsmediziner
ricovero *m* notturno	*hier*: Unterbringung über Nacht
purtroppo	leider
povero	arm
ricezione *f*	Empfang
parente *m/f*	Verwandte(r)
reparto *m*	Abteilung
separato	getrennt

"Di notte il cancello, l'ingresso principale e la **ricezione** sono chiusi. Il personale va via tra le venti e trenta e le ventuno e così anche i **parenti** e gli amici dei pazienti. Dopo rimangono (i) solo il medico di turno e due infermiere."

Das Verb **rimanere** (bleiben) ist **unregelmäßig:** (io) rimango, (tu) rimani, (lui/lei/Lei) rimane, (noi) rimaniamo, (voi) rimanete, (loro) rimangono. Das Partizip lautet: rimasto.

Esercizio 3: Orario. Welche Uhrzeiten gehören zusammen? Tragen Sie ein!

1.	*b* le dieci e mezzo	**a.** 24:00
2.	☐ mezzogiorno	**b.** 10:30
3.	☐ le tre e un quarto	**c.** 03:15
4.	☐ mezzanotte	**d.** 03:45
5.	☐ le tre e tre quarti/ le quattro meno un quarto	**e.** 12:00

"Solo due?"

"Sì. Quelle di ieri sera si chiamano Anna Scalzone e Silvia Parodi. Ripeto, commissario: quasi tutti i pazienti tornano a casa dopo l'intervento. Stanotte erano solo sei, tre per piano. La mia segretaria sa i nomi."

"Non è più semplice se i pazienti dormono tutti nello stesso piano?"

"Forse, ma Forti ed io abbiamo da sempre **reparti separati**."

Esercizio 4: Preposizioni. Lesen Sie weiter und ergänzen Sie die richtigen Präpositionen!

dal | con | ~~al~~ | della | nella

Mentre Lenzi e Blasi parlano, arriva il medico legale.

È un tipo di poche parole. Fa un saluto veloce e si mette subito **1.** _al_ lavoro. Blasi rimane **2.** ______________ lui **3.** ______________ camera **4.** ______________ signora Landolfi, un po' lontano **5.** ______________ letto. Ogni tanto fa qualche commento, ma il collega non lo ascolta.

Dopo un po' il medico legale chiama il commissario.
"Da quello che vedo," gli dice, "la donna è morta per asfissia. Devo fare ancora degli esami, naturalmente. Ma sono quasi sicuro."
"Cosa vuol dire?"
"Qualcuno l'ha soffocata... per esempio con un cuscino."
"Asfissia... Quando è successo?"
Il medico legale guarda l'orologio: "Diciamo tra le quattro e le sei di mattina."
In quel momento si sentono delle voci nel corridoio: "Dottor Blasi, presto! Hanno trovato la signora Parodi nel sotterraneo. Era legata e imbavagliata!"
Lenzi telefona subito al commissariato e corre al sotterraneo.

Il dottor Blasi non vuole uno scandalo, ma a questo punto è impossibile. Le notizie sugli ultimi fatti passano di stanza in stanza. Il personale della clinica è nervoso. I pazienti che hanno dormito in ospedale hanno paura.

> **Un appuntamento** (Termin, Verabredung) kann man **prendere/fissare** (vereinbaren), **spostare** (verschieben) oder **cancellare** (absagen).
> Ein Blinddate ist ein **appuntamento al buio** (wörtlich: ein Termin im Dunkeln).

La segretaria cerca di cancellare gli appuntamenti[i] della mattina, ma per i primi pazienti è troppo tardi. Alcuni arrivano e se ne vanno subito, arrabbiati per il contrattempo. Altri invece si fermano curiosi davanti alla ricezione.

Lenzi, intanto, parla con la signora Parodi.

"Questa clinica era così tranquilla," dice l'infermiera, "ora invece... Io sono ancora viva, ma quella povera signora..."

"Ah, lo sa anche Lei? Ma non è stata nel sotterraneo fino ad adesso?" domanda il commissario.

"Beh... Ho sentito la segretaria..."

"Ho capito... Allora, che cosa è successo, signora Parodi?"

"Io lavoro al secondo piano," risponde l'infermiera. "Alle...

asfissia *f*	Erstickung
esame *m*	*hier*: Untersuchung
soffocare	ersticken
cuscino *m*	Kissen
sotterraneo *m*	Untergeschoss, Keller
legato	*hier*: gefesselt
imbavagliato	geknebelt
correre	rennen, eilen
notizia *f*	Nachricht
fatto *m*	Ereignis
avere paura	Angst haben
arrabbiato	verärgert, wütend
contrattempo *m*	Zwischenfall
curioso	neugierig
intanto	in der Zwischenzeit
essere vivo	am Leben sein

non so… circa alle quattro di mattina sono andata in giardino per fumare una sigaretta. Nel retro del giardino non c'è luce. Come dal niente sono arrivate due persone, mi hanno legato e portato nel sotterraneo."
"Che cosa Le hanno detto?"
"Non hanno parlato. È successo in pochi minuti. Io avevo paura, non ho fatto resistenza e quelli non mi hanno fatto del male. Secondo me volevano solo entrare nella clinica. Io stavo davanti all'ingresso del personale, con la porta aperta. Ero nel posto sbagliato al momento sbagliato."
"Chi erano le due persone?" chiede il commissario.
"Erano due infermieri, commissario, con un passamontagna in testa e i guanti. Uno era un ragazzo e l'altro… non so…"
"Blasi mi ha detto che al cancello c'è una telecamera in funzione ventiquattr'ore su ventiquattro. Controlleremo le riprese. Secondo Lei, signora Parodi, i due sapevano dov'è il sotterraneo?"
"No, non credo. Per me hanno visto vicino all'ingresso le scale del sotterraneo e mi hanno portato lì. Volevano essere sicuri: io non dovevo liberarmi o gridare aiuto per un po'."

retro *m*	hinterer Teil, Rückseite
come dal niente	wie aus dem Nichts
fare resistenza	Widerstand leisten
fare del male (a qn.)	(jmd.) etw. zuleide tun
passamontagna *m*	Sturmhaube
guanto *m*	Handschuh
ripresa *f*	*hier*: Videoaufnahme
scala *f*	Treppe
liberarsi	sich befreien
gridare aiuto	um Hilfe rufen

Esercizio 5: Vero o falso? Welche Aussagen stimmen? Kreuzen Sie an!

1. L'infermiera Silvia Parodi è uscita per fumare. ☒
2. Tre infermieri l'hanno legata e portata nella clinica. ☐
3. Gli uomini le hanno detto di non chiamare nessuno. ☐
4. Silvia ha cercato di correre verso il cancello. ☐
5. La porta d'ingresso era aperta. ☐

"Dove L'hanno portata esattamente?"
"Nel sotterraneo, alla fine delle scale, c'è un ripostiglio. La chiave era sulla porta. Quei due mi hanno chiuso dentro e hanno preso la chiave. Per fortuna anche la signora delle pulizie ha una chiave. Mi ha trovato lei poco fa, quando è venuta nel ripostiglio a prendere qualcosa."

ripostiglio *m*	Abstellkammer
chiave *f*	Schlüssel
signora *f* delle pulizie	Putzfrau

Il commissario Lenzi pensa per qualche secondo e chiede: "Esce spesso per fumare durante la notte, signora Parodi?"
L'infermiera diventa rossa.
"No... o meglio: ogni tanto. So che non devo, commissario, ma proprio non ci riesco. Lei fuma?"
"No."
"Ecco, allora non può capirmi."

"Il dottor Blasi sa che Lei esce a fumare lasciando soli i pazienti?"
"No... o forse Anna gliel'ha detto. Quella non **si fa** mai **gli affari suoi**. Non è lei il capo, ma mi critica spesso... e non solo per il fumo. Io ho sbagliato ad uscire, ma anche Anna non ha fatto una bella figura."

ϟ **farsi gli affari propri**	sich um die eigenen Angelegenheiten kümmern
accorgersi di qc.	etw. (be)merken
sito *m*	Internetseite

"Che cosa vuol dire?"
"Beh, una paziente è morta praticamente sotto i suoi occhi e lei non **si è accorta** (i) **di** niente! E sa perché, commissario? Perché Anna era davanti al computer! Quella passa tutta la notte a guardare i profili su un **sito** per single... naturalmente con la porta chiusa!"

Zur Erinnerung: Bei reflexiven Formen werden zusammengesetzte Zeiten mit dem Hilfsverb **essere** gebildet. Das Partizip richtet sich nach dem Subjekt. Z. B.: Lui non si è accorto, lei non si è accorta.

3 Uomini o fantasmi?

In una stanza del primo piano Anna Scalzone aspetta il commissario.
Lenzi parla prima con Silvia Parodi.
E la Scalzone rimane sola con le sue paure. La collega Silvia è stata trovata legata nel sotterraneo e ora tutti dicono che la signora Landolfi è stata uccisa. Come può spiegare lei alla polizia che non ha visto né sentito niente? Silvia ha un alibi perfetto, lei no.
L'infermiera va su e giù [i] per la stanza e ogni tanto dà [i] un'occhiata nervosa alla porta.
Finalmente arriva il commissario.

fantasma *m*	Gespenst
uccidere	töten
andare su e giù	auf und ab laufen

Die meisten **einsilbigen Adverbien** werden mit einem Akzent geschrieben, z. B. **giù** (unten; herunter, hinunter), **là**, **lì** (dort, da; dorthin, dahin) und **sì** (ja). **Qui** und **qua** (hier, da; hierher) haben keinen Akzent. Das Adverb **su** (oben; nach oben, hinauf) wird sowohl mit als auch ohne Akzent geschrieben, wobei die zweite Variante weitaus üblicher ist.

Dà kommt vom Verb **dare** (geben) und wird mit Akzent geschrieben, um es von der Präposition **da** zu unterscheiden.

"Buongiorno, signora Scalzone. È stanca? Vuole un caffè prima di cominciare?"
"No, grazie, sono già troppo nervosa," risponde Anna.
Poi, dopo una breve pausa, continua: "Glielo dico subito, commissario: per la morte della signora Landolfi io non posso aiutarLa. Di notte nel corridoio la luce è bassa. La camera della signora Landolfi è la più lontana dalla mia stanza e dal mio tavolo la porta non si vede. Alle quattro la signora dormiva tranquilla... e alle sette era morta. Questo è tutto quello che so. Tra le quattro e le sette non ho sentito nessun **rumore**, nessuno ha gridato aiuto. Forse con un controllo in più... Però... Devo essere **sincera**?"

rumore *m*	Geräusch
sincero	ehrlich
altrimenti	*hier*: sonst
non m'importa niente di qc.	etw. ist mir egal
generoso	großzügig

"Certo, signora Scalzone!"
"Beh, se veramente la signora Landolfi è stata uccisa, allora è andata bene così. Voglio dire: per fortuna non ho sentito niente. **Altrimenti**, chi lo sa? Forse uccidevano anche me..."
"Se la vede così..."
"Lei, commissario, pensa che **non m'importa** (i) **niente della** morte della signora, ma non è vero. La Landolfi era una vecchia paziente. Qualche volta era un po' arrogante, come

> Nach **pensare** (denken = Ausdruck einer persönlichen Meinung) steht normalerweise der **Konjunktiv** (= Pensa che non m'importi niente.) In der gesprochenen Sprache wird allerdings gerne auch das grammatikalisch „nicht richtige" Präsens verwendet.

tanti del suo ambiente, ma era una donna intelligente e generosa."
"Generosa?"

Esercizio 6: La griglia. **In diesem Gitternetz sind sechs unregelmäßige Verben im Infinitiv versteckt. Welche sind es? Konjugieren Sie dann die Verben im Präsens!**

S	O	S	T	E	U	D	H	P	A
G	A	E	L	S	M	I	Z	O	H
O	N	N	E	S	F	R	D	T	A
E	N	S	T	E	E	E	A	E	M
A	N	D	A	R	E	C	R	R	I
A	Z	Z	I	E	L	A	I	E	C
L	S	A	P	E	R	E	N	E	I
I	L	M	O	T	E	E	N	T	A
P	S	T	A	R	E	O	L	I	H

io: *sono,* ____________________

tu: *sei,* ____________________

lui/lei/Lei: ____________________

noi: ____________________

voi: ____________________

loro/Loro: ____________________

"Sì. Quando non faccio la notte qui, io lavoro nell'ambulatorio di Blasi a Milano. La signora è venuta diverse volte all'ambulatorio e alla fine mi ha sempre dato una bella mancia. Spesso l'accompagnava il marito, il signor Vittorio."

"Un marito premuroso..."

La signora Scalzone ha un attimo d'indecisione, poi commenta: "Premuroso forse, fedele no. L'ho visto due volte dalla finestra dell'ambulatorio insieme a un'altra: una bella ragazza, molto più giovane della moglie. Capisce, commissario? Non era solo un'amica... Per me aveva un appuntamento con qualcuna anche ieri sera. Ha fatto alla moglie una visita brevissima. Quando è andato via, era distratto... Povera signora, che marito!"

ambulatorio *m*	Arztpraxis
mancia *f*	Trinkgeld
accompagnare	begleiten
premuroso	aufmerksam, zuvorkommend
attimo *m*	Augenblick
indecisione *f*	Unentschlossenheit
fedele	treu
visita *f*	Besuch
breve	kurz
distratto	zerstreut
coppia *f*	Paar
onestà *f*	Ehrlichkeit
spento	aus(geschaltet)
disturbare	stören
amante *m/f*	Liebhaber(in)

"Vittorio Landolfi non Le piace proprio, signora Scalzone..."

"Commissario, io sono single. Secondo me però nella vita di coppia ci vogliono onestà e rispetto. Stamattina il dottor Blasi ha chiamato Landolfi per dirgli della morte della moglie, ma il suo cellulare era spento. Probabilmente quello non voleva essere disturbato mentre era ancora con l'amante. Chissà cosa facevano...!"

Un paio di giorni dopo la morte dell'imprenditrice del fitness, Lenzi vuole fare il punto della situazione insieme all'ispettore Sarti, che lo aiuta nelle indagini.

Bei der italienischen Polizei steht der **agente** auf der untersten Stufe der Hierarchie. Dann kommt der **ispettore** und schließlich der **commissario**, für dessen Laufbahn ein Universitätsabschluss erforderlich ist.

Emilio Sarti, da poco nella polizia, arriva nell'ufficio del commissario con una grossa cartella.

"Ecco, qui c'è tutto," dice con tono efficiente.

"Bene, ispettore, allora cominciamo. Il medico legale ha confermato che la signora Landolfi è morta per soffocamento..."

"Che brutta morte, commissario! Ho letto che la morte per asfissia dura diversi minuti... anche dieci. È chiaro che gli assassini sono le stesse persone che hanno chiuso l'infermiera nel ripostiglio. I due uomini sono arrivati e ripartiti in bicicletta perché sapevano della telecamera. Così nessuno ha visto la macchina... Per me è gente che lavora nella clinica."

"Forse," risponde Elisabetta Lenzi, "ma non dobbiamo dimenticare altre ipotesi. Partiamo dalle tracce che abbiamo. Per esempio: le biciclette... I due infermieri le hanno lasciate lontano dal cancello e probabilmente hanno prose-

un paio di	ein paar
indagine *f*	Ermittlung
cartella *f*	(Akten)Mappe
confermare	bestätigen
durare	dauern
assassino *m*	Mörder
traccia *f*	Spur
proseguire	*hier*: weiterfahren

guito in macchina. Che cosa dicono i colleghi della scientifica?"
"Le biciclette sono vecchie, forse sono rimaste per anni in qualche garage. I colleghi non hanno ancora trovato tracce. O meglio: ne hanno trovate tante, ma non le hanno ancora analizzate tutte."
"Forse però qualcuno ha visto la macchina di quei due. Sulla strada del lago non c'è molto traffico, soprattutto di notte. Ha parlato con i residenti, ispettore?"
Sarti, al suo primo caso, vuole fare al capo una buona impressione.

Esercizio 7: Definizioni. Welche Begriffe werden gesucht? Die Kästchen ergeben das Lösungswort!

Beispiel: Il contrario di vita. M O R T E

1. Il nome di Sarti. _ _ _ □ _ _
2. Ha quattro ruote e un motore. _ □ _ _ _ _ _ □ _
3. Sinonimo di clinica. _ _ _ _ □ _ _ _
4. Stanza dove è stata chiusa Silvia. _ _ _ □ _ _ _ _ □ _ _
5. Aiutano il medico. _ _ □ _ _ _ □ _ _ _

Lösung: □□□□□□□□

"È la prima cosa che ho fatto," risponde, "ma nessuno ha visto niente. Strano, no? La Scalzone dice che è stata sempre al computer e non ha visto niente... I residenti non hanno visto niente... Ma quei due non erano fantasmi!"

(polizia *f*) scientifica	Spurensicherung, Erkennungsdienst
residente *m/f*	Anwohner
impressione *f*	Eindruck
risolvere	lösen
impronta *f*	Abdruck
suola *f* di gomma	Gummisohle

Il commissario Lenzi è più rilassato del suo giovane assistente: "Le indagini sono cominciate da poco, Sarti. Solo nei film la polizia risolve i casi in due giorni. Non c'è proprio niente di buono nella Sua cartella?"

"Beh, proprio ieri la scientifica ha trovato un'impronta di una scarpa. Quasi sicuramente è di uno dei due infermieri. È un'impronta piccola per un uomo: un 40, 41 di scarpa."

Sarti guarda il capo un po' insicuro e continua: "Posso controllare il numero di scarpe di tutti gli uomini che lavorano nella clinica. Che ne pensa, commissario?"

"Che tipo di scarpa è?" domanda Lenzi. "Si capisce dall'impronta?"

"Una scarpa sportiva con la suola di gomma, di quelle che adesso portano tutti: ragazzi e ragazze."

"Ragazzi e ragazze..." ripete piano il commissario, "ci sta[i]..."

Poi a voce più alta: "Rivediamo insieme le riprese, ispettore. Voglio chiederLe una cosa."

Das Verb **starci** (stare + ci) wird oft in der Umgangssprache verwendet. Je nach Kontext bedeutet es: mitmachen, Platz haben oder - wie hier - passen, möglich sein.

Le riprese sono in bianco e nero e non molto chiare. Si vedono due infermieri con il passamontagna. Hanno più o meno la stessa **altezza**, ma uno dei due è più **magro** dell'altro.

"Ecco," dice Lenzi a Sarti, "può dire con sicurezza che sono due uomini? Questo è quello che ha pensato la signora Parodi. Lei però quella mattina aveva paura, non ha avuto il tempo di **riflettere**. Invece secondo me la persona più magra può anche essere una donna con **abiti** da uomo. Guardi come **cammina**, ispettore."

Sarti è perplesso, ma deve **riconoscere** che Lenzi **ha ragione**.

"Ho avuto un piccolo **dubbio** quando ho visto la **registrazione** la prima volta," continua quella, "ma c'erano le parole dell'infermiera e non ci ho più pensato. Adesso però Lei mi ha detto di quella scarpa unisex... Ci sono donne con il 40, 41 di scarpa, specialmente se alte. Naturalmente anche un ragazzo può essere un assassino. Due **adulti** però mi sembrano più probabili in un caso come questo."

altezza *f*	*hier*: Körpergröße
magro	dünn
riflettere	nachdenken
abito *m*	Kleidung
camminare	gehen, laufen
riconoscere	einsehen, zugeben; wiedererkennen
avere ragione	recht haben
dubbio *m*	Zweifel
registrazione *f*	*hier*: Aufnahme
adulto *m*	Erwachsener

4 I due infermieri

Secondo Elisabetta Lenzi nelle indagini sul caso Landolfi non si deve dimenticare nessuna ipotesi. Però anche lei ha delle priorità.

Anna Scalzone la **convince** poco.

L'infermiera non sembra tanto **dispiaciuta** per la morte della paziente. È semplicemente una donna sola, scontenta e un po' **pettegola**? Lavorava veramente al computer nelle ore del **delitto**? Ed era così concentrata che non si è accorta di niente? Per quale motivo, poi, ha detto alla polizia che il signor Vittorio non era fedele alla moglie?

convincere	überzeugen
dispiaciuto	traurig
pettegolo	geschwätzig
delitto *m*	Verbrechen
caro	*hier*: lieb; teuer

Anche Vittorio Landolfi non ha un alibi.

Dice di aver passato la notte a casa, ma nessuno può confermarlo.

Per saperne di più, Lenzi parla con Maria Pugi, l'amica più **cara** della signora Landolfi.

"Dopo la morte di Cristina," dice la donna, "mi sono chiesta mille volte: perché è morta? Chi aveva interesse a ucciderla? E tutte le volte ho pensato a lui: a Vittorio!"

"Il signor Landolfi?"

Esercizio 8: Passato prossimo. Setzen Sie die Verben ins Perfekt!

1. Anna **dire** *ha detto* la verità alla polizia?
2. L'infermiera **lavorare** ____________ al computer?
3. La donna ti **sembrare** ____________ dispiaciuta?
4. Il signor Landolfi **andare** ____________ dall'amante?
5. Lenzi e Sarti **dimenticare** ____________ qualche ipotesi?

"Sì. Lui e la sua amante **si godevano** la vita con i soldi di Cristina. I club di fitness della mia amica andavano benissimo. Vittorio invece sa fare solo **debiti** con la sua ditta. Negli ultimi tempi, poi, con la crisi... Cristina pagava sempre i debiti del marito, ma perché aiutare un marito infedele, **tanto più** se non ci sono figli?"

godersi	genießen
debito *m*	Schuld(en)
tanto più	*hier*: zumal
divorzio *m*	Scheidung
vedovo *m*	Witwer
avventura *f*	Abenteuer
ϟ mettere la testa a posto	*hier*: vernünftig werden

"La Sua amica quindi sapeva dell'amante?"

"Aveva sentito una telefonata... All'inizio Cristina era molto triste. Poi, però, ha cominciato a vedere la situazione con occhi diversi. Era una bella donna, ancora giovane e ricca,

poteva trovare un altro uomo. Così ha detto a Vittorio che voleva il divorzio. Secondo me lui ha avuto paura di perdere tutto e... ci siamo capiti, commissario?"
"Landolfi ha ucciso la moglie per i soldi? È questo che pensa, signora Pugi?"
"Sì, proprio questo. Vittorio sa vivere solo nel lusso e la sua amante... Io non so chi è, ma sicuramente è una donna giovane, che sta con lui solo per interesse."

Esercizio 9: Avverbi. **Wandeln Sie die Adjektive in Adverbien um!**

1. sicuro *sicuramente*
2. triste ____________________
3. naturale ____________________
4. diverso ____________________
5. buono ____________________

Al commissario però il signor Landolfi sembra proprio un vedovo triste. Landolfi esce poco e non incontra nessuna donna. Dice che in passato ha avuto qualche breve avventura, ma da anni ha messo la testa a posto.
Un esame tecnico conferma anche che Anna Scalzone era veramente al computer nelle ore del delitto. Cercava il partner ideale su internet, proprio come ha detto la collega

Silvia. E naturalmente voleva **nascondere** a Blasi e al commissario le sue **ricerche** su internet nell'orario di lavoro.

Un mese dopo, una donna di nome Agnese chiama Landolfi al cellulare. È una telefonata breve, ma molto interessante per il commissario, che tiene il cellulare sotto controllo.
"Quattro settimane di silenzio," dice la donna a Landolfi. "Sono stata brava, **tesoro**?"
"Sì, ma è meglio aspettare ancora."
"Ancora?! Ma tu ora sei un uomo libero... O è per... quell'altra cosa? È tanto difficile dimenticare dieci minuti? Che cosa sono **in confronto alla** vita che abbiamo davanti? E poi è la fine del mese, ho bisogno dei soldi per l'**affitto**. Devo chiederli a ...?"
Landolfi interrompe arrabbiato la donna: "Sssh, non fare nomi! Se quelli sanno che lei è tua sorella..."
"Vittorio, ascoltami bene! Primo: è passato un mese e quelli non hanno capito niente. Secondo: mi **manchi** troppo. Sabato sera vengo da te, **bacio**!"
A questo punto non ci sono dubbi: nella vita di Landolfi c'è una donna. Il resto però è meno chiaro. Perché il vedo-

nascondere	*hier*: verheimlichen
ricerca *f*	*hier*: Recherche
tesoro *m*	Schatz
in confronto a	verglichen mit
affitto *m*	Miete
mancare	fehlen
bacio *m*	Kuss
raccogliere	sammeln
eccitato	aufgeregt
sposato	verheiratet
quartiere *m*	Wohnviertel
coincidenza *f*	Zufall
contare su qc.	*hier*: auf etw. setzen
effetto *m* sorpresa	Überraschungseffekt
firmare	unterschreiben

vo non ha parlato dell'amante con la polizia? E chi sono "quelli"?
Lenzi vuole conoscere meglio l'amante di Landolfi.
Sarti raccoglie informazioni sulla donna e torna dal capo tutto eccitato: "Agnese ha ventisei anni, non è sposata e abita nel quartiere di San Siro. Di cognome si chiama Parodi. Pa-ro-di, commissario! La sorella di Agnese è l'infermiera della clinica 'Villa Virginia': Silvia Parodi! Non può essere una coincidenza!"

Das Stadtviertel **San Siro** liegt im Westen Mailands. Dort befinden sich vornehme Wohngegenden mit viel Grün neben öden Straßenzügen mit Betonblöcken. Wahrzeichen des Viertels ist das **Giuseppe-Meazza-Stadion**, das bis 1980 ebenfalls San Siro hieß. Mit 81.277 Plätzen ist es das größte Stadion Italiens. Dort werden zum Beispiel die Fußballspiele der Traditionsmannschaften **Inter** und **Milan** ausgetragen.

"Lo credo anch'io, ma che cosa vuol dire? Continuiamo a controllare le telefonate delle due sorelle e di Landolfi, ispettore, e intanto chiamiamo qui l'infermiera Silvia. Sentiamo che cosa dice."

Lenzi conta sull'effetto sorpresa. Quando Silvia Parodi arriva in commissariato, pensa di dover solo firmare un documento.
Invece il commissario le dice: "Ah, la firma… per quella c'è tempo, signora. Mi interessa di più sapere qualcosa su Sua sorella Agnese."
"Agnese?" ripete insicura l'infermiera. "Non capisco… Noi non ci vediamo praticamente mai."

"Forse non vi vedete... ma vi sentite. Ho controllato le vostre telefonate. Fino a un mese fa vi chiamavate regolarmente. Poi, dopo l'incidente nella clinica, basta. Perché?"
"Io... ero sotto shock."
"È per questo? Una persona muore durante il Suo turno di lavoro. La paziente è ricca e vuole divorziare dal marito, che è pieno di debiti. **Guarda caso**, Sua[i] sorella Agnese, **disoccupata**, è l'amante del marito. Gli assassini entrano da una porta che Lei stessa, signora Parodi, ha aperto per uscire a fumare..."
Silvia Parodi è sempre più nervosa: "Dove vuole arrivare, commissario? Ho passato ore orribili in quel ripostiglio. Io non c'entro con il delitto!"

> Bei **Verwandtschaftsbezeichnungen** im Singular entfällt der Artikel vor dem Possessivadjektiv. Es gibt allerdings Ausnahmen: a) wenn das Substantiv in der Verkleinerungs- bzw. in der Vergrößerungsform ist (**il mio fratellino**), b) wenn ein weiteres Adjektiv zum Possessiv hinzukommt (**la mia bella zia**) und c) bei **loro** (**la loro figlia**).

Esercizio 10: Parole in disordine. Lesen Sie weiter und ordnen Sie die Wörter zu sinnvollen Sätzen!

"Beh, deve riconoscere che c'è un chiaro **movente**... 1. ~~c'è~~ | importante | ~~anche~~ | traccia | ~~E~~ | una | *E c'è anche* ______________ Gli autori del delitto non sono professionisti, hanno fatto errori... **A proposito**: 2. sorella | è | Sua | numero | di | il | scarpe | di | qual | ______________

______________________________?"

"Il... il numero di Agnese? Avete trovato qualcosa, allora...

3. tutto | sotterraneo, | Ma | hanno | io | nel | fatto | ero ______________________________

______________ loro!"

"Loro chi, signora Parodi? Che cosa sa? Non vuole **collaborare**? Ci pensi bene, lo dico per Lei."

Silvia Parodi non risponde subito. **4.** chiusa | sul | la | Guarda | corridoio | porta | il | e | di | nuovo | commissario ______________________________

______________________.

Alla fine dice piano: "Io ho una sola colpa: non ho parlato dopo il delitto. Prima, però, ho fatto tutto il possibile per evitarlo. Non sono una complice di Agnese e Vittorio."

"Ho capito bene, signora? Lei sapeva che Sua sorella e l'amante volevano uccidere Cristina Landolfi?"

"Sì e no. All'inizio era solo uno scherzo. Qualche volta

↯ guarda caso	was für ein Zufall
disoccupato	arbeitslos
movente *m*	Motiv
a proposito	übrigens, apropos
collaborare	zusammenarbeiten

Agnese **prendeva in giro** la moglie di Vittorio perché voleva sembrare più giovane. Una sera eravamo tutti e tre a casa mia e abbiamo parlato dell'intervento della signora nella clinica dove lavoro. Vittorio e Agnese hanno detto per scherzo: "Se quella muore durante l'intervento, **siamo a posto**! Se no... la uccidiamo noi! In clinica è più facile che a casa." Poi, sempre per scherzo, hanno cominciato a pensare a un piano, con tutti i **dettagli**. Mi facevano domande sulla clinica, sulle stanze, sul turno di notte... E io rispondevo. Era veramente un **gioco**, commissario, per tutti e tre (i)."

prendere in giro qu.	sich über jmd. lustig machen
ϟ essere a posto	*hier*: keine Probleme mehr haben
dettaglio *m*	Detail
gioco *m*	Spiel
fallimento *m*	*hier*: Konkurs
preoccupato	besorgt

Tutti e tre heißt alle drei. Das Wort **tutto** gleicht sich ganz normal dem dazugehörigen Substantiv im Plural an. Bei drei Frauen würde man sagen: **tutte e tre.**

"Poi però la signora Landolfi è morta."

"L'appuntamento per l'intervento l'ha preso a febbraio, dopo la situazione è cambiata. La signora ha deciso di divorziare. La ditta di Vittorio era vicina al **fallimento**, lui era molto **preoccupato** per il futuro e Agnese ancora di più. Mia sorella è disoccupata, le paga tutto Vittorio: casa, vestiti, viaggi... Secondo me a quel punto loro due hanno cominciato a pensare seriamente al delitto. Naturalmente non mi hanno detto niente. Circa una settimana prima dell'intervento, però, Agnese è venuta a prendermi in clinica. Dopo, in macchina, mi ha fatto strane domande: sulla telecamera al cancello, sulla morte per asfissia..."

"E allora Lei ha capito," dice Lenzi.

"Mi sono ricordata di quel piano fatto per gioco e ho avuto un orribile sospetto. Allora ho parlato chiaro con Agnese. Le ho detto: 'Se succede qualcosa alla signora Landolfi, io vado dalla polizia! Non rovinarti la vita!' Mia sorella però ha negato tutto e io le ho creduto."

ricordarsi di/ ricordare qu./qc.	sich an jmd./ etw. erinnern
sospetto *m*	Verdacht
rovinarsi la vita	*hier*: sich das Leben kaputt machen
negare	abstreiten
ombra *f*	Schatten

Silvia Parodi sospira ancora e continua: "La mattina del delitto ho visto due persone venir fuori dall'ombra del giardino e ho pensato subito: 'Sono loro! Vogliono ucciderla

Esercizio 11: L'intruso. Welches Wort ist das „schwarze Schaf"? Unterstreichen Sie das Wort, das nicht in die Reihe passt!

1. polizia commissario indagine piano
2. giardino stanza fiore albero
3. paziente medico viaggio operazione
4. sera notte mattina appuntamento
5. sorella amica madre zia

davvero!' Ero paralizzata, commissario, non avevo la voce per gridare. Vittorio e Agnese mi hanno legato e portato nel sotterraneo."

Lenzi è arrabbiata: "Lei sapeva chi erano le due persone, ma alla polizia ha parlato di due uomini, due infermieri."

"Commissario, ho riconosciuto Agnese e Vittorio anche con quei vestiti. Ormai però la signora era morta. Mia sorella ha cercato in qualche modo di tenermi fuori dal delitto, mi ha dato un alibi. Dovevo tradirla? Mi sono fatta questa domanda tutto il tempo nel ripostiglio. Noi siamo venute giovanissime a Milano dalla Calabria, senza i genitori. Per mia sorella sono come una madre, l'ho sempre aiutata. Agnese mi conosce troppo bene: era sicura che non avrei parlato. E così è stato... fino a oggi."

paralizzato	gelähmt
tradire	verraten
genitori *m pl*	Eltern
non avrei parlato (parlare)	(ich) würde nicht sprechen
muro *m*	Wand
lottare	kämpfen
contare	zählen

La signora Parodi nasconde il viso tra le mani.

Nel silenzio della stanza si sente solo l'orologio sul muro.

Lenzi pensa a Cristina Landolfi che lottava contro la morte mentre gli assassini contavano i minuti.

"Uno... due... tre... fino a dieci," dice piano il commissario, ricordando le parole di Sarti.

Un piano quasi perfetto

Tiziana Stillo

1 Dove sono i biglietti?

Paolo Rinaldi è nervoso. Sua figlia[i] Aurora oggi ha il suo primo spettacolo.

Aurora ha diciannove anni. La danza classica è la sua passione. Ha cominciato da bambina. La ragazza è molto brava e adesso la sua passione è diventata la sua professione. È entrata nella compagnia del Balletto di Roma.

Im Italienischen haben **Possessivadjektive** in der Regel den **bestimmten Artikel** bei sich, jedoch nicht bei Verwandtschaftsbezeichnungen im Singular: **mio padre, sua figlia,** etc. Vor **loro** hingegen wird immer der Artikel verwendet: **la loro figlia.**

Stasera c'è la prima: Giselle. È al Teatro Brancaccio: un caso fortunato, il teatro è proprio in via Merulana[i], la via dove abita la famiglia Rinaldi.

Paolo Rinaldi ha un vestito elegante. Guarda dalla finestra: il solito traffico della sera. Poi torna al divano. Si siede e accende la TV, ma non la guarda.

"Claudia, sei pronta?" domanda a sua moglie.

"Sì, ancora un minuto," risponde lei dal bagno.

Via Merulana befindet sich im römischen Stadtviertel **Esquilino** und verbindet zwei der wichtigsten Basiliken von Rom: **San Giovanni in Laterano** und **Santa Maria Maggiore.**

"A che ora inizia lo spettacolo?" continua lui.

"Alle otto, lo sai."

"E quando arrivano Luciano e Francesca?"

"Fra poco," risponde Claudia Rinaldi mentre esce dal bagno. Anche lei è molto elegante.

"Paolo, tu sei più nervoso di Aurora. Stai calmo, per favore."

"Lo so, hai ragione. Ma è la nostra bambina!"

"Nostra figlia adesso è una giovane donna," lo corregge la moglie.

"Per me **rimane** sempre la mia bambina!" risponde lui.

Suonano alla porta.

"Vado ad aprire!" dice subito Paolo.

Sono Luciano e Francesca, due vecchi amici di famiglia. Anche loro hanno una figlia grande come Aurora. La loro figlia però è andata a studiare in Inghilterra.

spettacolo *m*	Vorstellung
danza *f* classica	Ballett
passione *f*	Leidenschaft
prima *f*	Erstaufführung
solito	üblich
accendere	anmachen
rimanere	bleiben
suonare	klingeln
emozionato	aufgeregt
ridere	lachen
paura *f*	Angst
fare tardi	sich verspäten

"Buonasera!" dicono i due. "Allora? Siete **emozionati**?"

"Emozionati?" risponde Claudia con ironia. "Paolo è davvero stressato! Mi chiede continuamente che ore sono, a che ora comincia lo spettacolo, eccetera, eccetera..."

Tutti **ridono**.

"Facciamo un caffè?" domanda poi Claudia.

"Possiamo prenderlo al bar del teatro," risponde Francesca. "Così Paolo non ha **paura** di **fare tardi**!"

Esercizio 1: Articoli. Wie lautet der bestimmte Artikel der folgenden Substantive? Schreiben Sie auf!

1. ___*la*___ serata
2. __________ spettacolo
3. __________ vestito
4. __________ amici
5. __________ figli
6. __________ bar

Le due coppie escono. Il teatro è vicino, così possono andare a piedi. È una bella serata di metà ottobre. A Roma fa ancora abbastanza caldo.

Per strada suona il **cellulare** di Claudia.

"Pronto! Ciao Lorenzo… Sì, stiamo arrivando adesso al teatro… Va bene, cerca di **fare presto**, lo sai che per Aurora è una serata importantissima… Hai già il biglietto, vero? Va bene, allora ci vediamo durante la pausa. Ciao, a dopo!"

"**Era** Lorenzo?" domanda Paolo.

"Sì," risponde la moglie. "Purtroppo **è bloccato** nel traffico. Fa un po' tardi. Ma pensa di arrivare prima delle otto."

"Chi è Lorenzo?" domanda Luciano.

"È il nuovo ragazzo di Aurora," risponde Claudia.

cellulare *m*	Handy
fare presto	sich beeilen
era (essere)	war
essere bloccato	feststecken
accettare	akzeptieren
sorriso *m*	Lächeln
(gli studi di) Economia e commercio	Volkswirtschaftslehre
ϟ un buon partito *m*	eine gute Partie
aggiungere	hinzufügen

"È un amico, solo un amico," dice Paolo.
"Paolo, Paolo... i figli diventano grandi! Lo devi accettare anche tu!" dice Luciano con un sorriso.

Wenn man im Italienischen über den **festen Freund** bzw. die **feste Freundin** spricht, dann benutzt man den Ausdruck **il mio ragazzo, la mia ragazza.** **Amico** bzw. **amica** wird nur für freundschaftliche Beziehungen verwendet.

"Si conoscono da pochi mesi. Ma mi sembra un bravo ragazzo," continua Claudia. "Studia Economia e commercio alla Sapienza e lavora per finanziarsi gli studi. Adesso sta tornando dal lavoro."

Die **Universität La Sapienza** in **Rom** wurde im Jahr 1303 gegründet und ist die größte Universität Europas.

"Allora è un buon partito; non credi, Paolo?" domanda Luciano con ironia.
"Ti piace scherzare con me, Luciano. Forse un giorno tua figlia Ramona ti porta a casa un bel ragazzo, magari un giovane inglese... così non puoi neanche capire che cosa ti dice!" risponde Paolo.
"Adesso basta, voi due," dice Francesca. "Potete parlare quanto volete, ma in amore le ragazze non chiedono l'opinione dei loro papà!"
"E purtroppo neanche delle loro mamme!" aggiunge Claudia e ride.

Esercizio 2: Preposizioni. **Lesen Sie weiter und ergänzen Sie die Präpositionen!**

Entrano 1. ___*nel*___ teatro e vanno verso il bar.

"Paolo, hai preso tu i biglietti, vero?" domanda Claudia.

"No, non li hai presi tu?"

"Ma Paolo! Dove hai la testa? Mi hai detto chiaramente 'I biglietti li prendo io'!"

"Veramente non mi ricordo, comunque non c'è problema. C'è ancora tempo. Torno **2.** __________ casa a prenderli. Dove sono?"

"Sono **3.** __________ tavolo in soggiorno."

"Va bene. **4.** __________ dieci minuti sono qui. Voi intanto andate a prendere il caffè."

Paolo Rinaldi esce dal teatro e torna a casa velocemente. "Com'è distratto Paolo," dice Claudia agli amici. "Per fortuna siamo usciti in anticipo!"

testa *f*	Kopf
distratto	zerstreut
in anticipo	frühzeitig

alta = hoch

2 Un colpo fatale

L'appartamento dove abitano i Rinaldi si trova in un palazzo signorile di fine Ottocento. Un bel ragazzo di circa venti anni apre il pesante portone antico ed entra.

Sale le scale fino al terzo piano e apre la porta dell'interno 8.

> Das Adjektiv **bello** (schön) verhält sich vor einem Substantiv wie der bestimmte Artikel: un bel ragazzo, una bella ragazza, un bell'uomo, il bello studente, dei bei ragazzi, delle belle ragazze, dei begli studenti.
> Buono dagegen bildet nur im Maskulin und im Feminin Singular (vor Vokal) eine verkürzte Form: un buon amico, una buon'amica.

palazzo *m* signorile	*hier*: vornehmes Wohnhaus, Adelspalast
Ottocento *m*	19. Jahrhundert
pesante	schwer
portone *m*	Tor, Haupteingang
piano *m*	Stockwerk, Etage
interno *m*	*hier*: Wohnungsnummer
passo *m*	Schritt
spostare	verschieben
parete *f*	Wand
cassaforte *f*	Tresor, Safe

Entra e accende la luce.

Con passo sicuro va nel soggiorno. Su un tavolino accanto al divano c'è una piccola statua di marmo. Sotto la statua c'è una chiave. Il ragazzo la prende. Poi sposta il divano. Sulla parete dietro il divano c'è una cassaforte. Vuole aprire la cassaforte con la chiave ma il suo cellulare, suona.

soggiorno = Wohnzimmer
la parete = Wand

"Che cosa? Sta tornando? Maledizione!" Fa una pausa e poi continua: "No, tu rimani lì. Ci penso io."
Va dietro la porta con la statua di marmo in mano.
Paolo Rinaldi entra in fretta nell'appartamento ed è stupito di trovare la luce accesa.
Ma non ha il tempo di capire perché il ragazzo lo colpisce alla testa con la statua di marmo.
L'uomo cade subito a terra e perde i sensi. Dalla testa comincia ad uscire tanto sangue.
Il ragazzo lascia la statua per terra accanto a Paolo, poi torna in soggiorno, apre la cassaforte e prende tutti i gioielli che ci sono dentro. Sono tanti e molto preziosi. Poi va via in fretta.

Maledizione!	Verflucht!
ci	daran
in fretta	in Eile
stupito	erstaunt
colpire	schlagen
perdere i sensi	das Bewusstsein verlieren
sangue *m*	Blut
gioiello *m*	Schmuckstück
prezioso	wertvoll
viso *m*	Gesicht
casco *m*	Helm
voce *f*	Stimme
tremare	zittern
guanto *m*	Handschuh

Fuori dal palazzo lo aspetta un altro ragazzo su una moto. Il suo viso non si vede, porta il casco.
"Allora? Ti ha visto? Che è successo?" domanda il ragazzo sulla moto nel panico.
"È tutto sotto controllo," risponde l'altro. "Andiamo via adesso!"
La sua voce è calma. Ma le sue mani tremano. Si toglie i guanti di plastica e li mette nella borsa insieme ai gioielli. Sale sulla moto dell'amico e vanno via velocemente.

Esercizio 3: Presente. **Lesen Sie weiter und konjugieren Sie die Verben im Präsens!**

Claudia 1. guardare *guarda* l'orologio.

"Ma che cosa sta facendo Paolo? Perché non 2. tornare torna ?" domanda nervosamente. " 3. essere e già le sette e trentacinque!"

"Forse non trova i biglietti," 4. dire dice Francesca. "Non puoi chiamarlo al cellulare?"

"Sì, adesso lo 5. chiamare chiamo ."

Claudia prova più volte a telefonare al marito.
"Non risponde!" dice Claudia preoccupata.
"Forse non lo sente," dice Luciano. "Usciamo fuori e guardiamo, sicuramente sta arrivando."

preoccupato	besorgt
proporre	vorschlagen

I tre amici escono dal teatro. Guardano la strada. C'è gente, ma Paolo non si vede.
"Non è normale," dice Claudia. "Deve essere successo qualcosa."
"Andiamo a vedere," propone Francesca.
"Vado io," dice Luciano. "Voi entrate, lo spettacolo comincia fra dieci minuti."

"No, Luciano," risponde Claudia. "Non sono tranquilla. E poi non abbiamo i biglietti, non possiamo entrare."
"**Hai ragione**. Allora andiamo."
Mentre vanno via arriva Lorenzo **di corsa**.
"Signora Rinaldi! Allora sono ancora in tempo…" dice.
"Lorenzo! Per fortuna ci sei **almeno** tu," risponde Claudia. "Abbiamo dimenticato i nostri biglietti a casa. Mio marito è andato a prenderli, ma ancora non torna. Forse si è sentito male. Adesso andiamo a vedere."
Lorenzo li guarda **confuso**.
"Vengo con voi?" domanda poi.
"No, è meglio di no. Guarda almeno tu lo spettacolo di Aurora. Povera piccola, è una serata così importante per lei e tutto **sta andando storto**!"

avere ragione	recht haben
di corsa	rasch
almeno	wenigstens
confuso	verwirrt
andare storto	schiefgehen
urlare	schreien
piangere	weinen
tirare su	*hier*: hochheben

"Va bene, a dopo allora," risponde Lorenzo.
Il ragazzo entra nel teatro mentre i tre vanno con passo veloce verso casa.
Arrivano al terzo piano di corsa e Claudia apre la porta. Vede il corpo di Paolo per terra, vede il sangue e **urla**.
"No! No! Paolo!"
Piange disperatamente. Prova a **tirarlo su**.
Anche Francesca piange, ma cerca di aiutare la sua amica. Luciano chiama subito l'autoambulanza. Poi vede la statua.

In soggiorno la luce è accesa. Luciano entra nella stanza: il divano è spostato e la cassaforte è aperta. Ora è tutto chiaro. Telefona alla polizia.
"Luciano!" urla Francesca. "Non respira più! È morto!"

Lo spettacolo è un grande successo. Aurora balla benissimo.
Quando Aurora esce, vede Lorenzo con delle rose rosse in mano. È molto serio però.
Aurora ha subito una brutta sensazione. Cerca i suoi genitori con gli occhi, ma non li vede. Accanto a Lorenzo c'è un uomo che non conosce.
"Dove sono mamma e papà?" domanda preoccupata.
Il ragazzo le dà un bacio e dice: "Sei stata fantastica, amore. Ma purtroppo è successa una cosa terribile. Questo signore è il commissario Bonetti."
Gli occhi di Lorenzo diventano rossi. Aurora rimane di pietra, non parla. Ha paura di domandare. Ha paura di sentire.
"Signorina Rinaldi, c'è stato un furto a casa Sua," comincia il commissario. "Il ladro o i ladri hanno colpito Suo padre. Probabilmente..."
Il commissario continua a parlare. Ma Aurora sente la sua voce sempre più lontana. Chiude gli occhi e perde i sensi. Lorenzo la prende appena in tempo.

respirare	atmen
morto	tot
serio	ernst
sensazione *f*	Gefühl
bacio *m*	Kuss
succedere	passieren
di pietra	versteinert
furto *m*	Diebstahl
ladro *m*	Dieb
appena	*hier*: gerade noch

3 Dal commissario

La mattina dopo Aurora si sveglia verso le nove. Ha mal di testa. Non è nel suo letto, non è a casa sua. Si guarda intorno e riconosce la camera di Ramona, la figlia di Luciano e Francesca.

Si alza e va in cucina. Francesca sta preparando il caffè.

"Come stai, tesoro?" le domanda Francesca quando la vede.

"È tutto vero? Non è stato un incubo?" domanda Aurora.

Francesca la abbraccia forte.

"Dov'è la mamma?" continua Aurora con le lacrime agli occhi.

"È sul divano," risponde Francesca. "Non ha dormito tutta la notte. Ora ha preso un calmante."

"Perché non l'ha preso prima come ho fatto io?"

"Non voleva. Ma alla fine ha capito che ne[i] ha bisogno."

Dopo un po' arriva Luciano. Anche lui abbraccia Aurora.

Prendono il caffè in silenzio. Poi Luciano dice:

"Il commissario vuole parlare con te, Aurora. Se vuoi, possiamo andarci oggi pomeriggio."

"Voglio andarci subito, Luciano," risponde la ragazza.

"Va bene, ti accompagno."

Das **Pronominaladverb ne** (davon) bezieht sich auf eine Teilmenge eines zuvor genannten Begriffs (in diesem Fall **un calmante**) und steht vor dem Verb (**ha bisogno**).

Aurora si veste in fretta e i due escono. Prendono la metro. Sono solo due stazioni. Scendono e passano per Via Appia Nuova[i]. Ci sono dei bei negozi qui. Aurora ci viene spesso a guardare le vetrine e a fare spese. Ma oggi Aurora non guarda niente. Cammina come in trance. Vuole sapere perché suo padre è morto.

> **Via Appia Nuova** beginnt im Stadtviertel San Giovanni. Sie verläuft größtenteils parallel zur **Via Appia Antica** und entstand im Mittelalter als Alternative, weil die Familie Caetani eine Straßenbenutzungsgebühr einführte.

Il commissario Bonetti li aspetta davanti al suo ufficio. Dopo i saluti dice a Luciano:

"Può lasciarci da soli, signor Terenzi?"

"Certo, commissario."

"No, commissario," dice però Aurora. "Luciano deve restare con me, La **prego**. Ho bisogno di lui."

"Va bene," risponde il commissario. "Come **desidera** Lei."

Entrano nell'ufficio e si siedono.

"Non ci sono **segni di forzatura** sulla porta," comincia il commissario. "Le cose forse sono andate così: il ladro suona alla porta, Suo padre

mal *m* di testa	Kopfweh
guardarsi intorno	sich umsehen
riconoscere	wiedererkennen
tesoro *m*	Schatz
incubo *m*	Albtraum
abbracciare	umarmen
lacrima *f*	Träne
calmante *m*	Beruhigungsmittel
voleva (volere)	(sie) wollte
avere bisogno di	brauchen
accompagnare	begleiten
pregare	*hier*: bitten
desiderare	wünschen
segno *m* di forzatura	Einbruchspur

Esercizio 4: Verbi modali. **Ergänzen Sie die Sätze mit den Modalverben *volere*, *dovere* oder *potere*!**

1. Aurora ___*deve*___ andare dal commissario.
2. Il commissario domanda: "___Possiamo___ parlare da soli, signorina?"
3. Aurora però ___vuole___ entrare nell'ufficio insieme a Luciano.
4. Tutti ___vogliono___ sapere che cosa è successo.

apre e questo lo minaccia con un'arma. Allora il signor Rinaldi lo porta alla cassaforte, lui prende i gioielli e poi lo uccide."

"Ma se ha preso i gioielli, perché lo ha ucciso?" urla Aurora.

"Forse Suo padre lo ha visto in viso, allora il ladro ha deciso di ucciderlo. Non ci sono segni di lotta, né sul corpo di Suo padre né nell'appartamento."

"O forse il ladro era già in casa quando il signor Rinaldi è arrivato?" domanda Luciano.

"Non credo," risponde il commissario. "Hanno aperto la porta con le chiavi. Quella dei Rinaldi è una porta sicura. È quasi impossibile aprire una porta così senza chiavi."

"Paolo è andato a casa solo per prendere i biglietti," dice Luciano. "Forse è entrato velocemente senza neanche chiudere la porta."

"Allora forse il ladro era sulle scale, ha visto la porta aperta ed è entrato," continua il commissario. "Noi possiamo fare solo delle ipotesi."

minacciare	drohen
arma *f*	Waffe
uccidere	töten
lotta *f*	Kampf
ipotesi *f*	Vermutung
denuncia *f*	Anzeige
per caso	zufällig
seguire	folgen
campanello *m*	Klingel
serratura *f*	Türschloss
colpa *f*	Schuld
traccia *f*	Spur

"La settimana scorsa io ho perso le mie chiavi," dice Aurora.
"Ecco," dice Bonetti, "questa è un'informazione importante. Ha fatto la denuncia?"
"No, ma sulle mie chiavi non c'è l'indirizzo. Anche se le ha trovate un criminale, come ha fatto poi a sapere di chi sono?"
"Pensiamo a questa situazione: le chiavi Le cadono dalla borsa. Un criminale per caso vede tutto, prende le chiavi e La segue. Lei davanti al portone comincia a cercare le chiavi. Non le trova e suona al campanello. Il ladro vede a quale campanello suona. Ora sa dove abita. Vede? Non è impossibile," dice il commissario.
"Quando si perdono (i) le chiavi, è sempre meglio cambiare la serratura."
"Allora è colpa mia," dice Aurora in lacrime.
"No, signorina, non è colpa Sua," risponde Bonetti. "Anche questa delle chiavi è solo un'ipotesi."
"Avete trovato delle tracce importanti nell'appartamento?" domanda Luciano.

> Beim unpersönlichen Pronomen **si** (man) wird das Verb in der dritten Person Singular konjugiert, wenn das Objekt in der Einzahl steht, in der dritten Person Plural, wenn das Objekt in der Mehrzahl steht.

"Dobbiamo aspettare i risultati della scientifica," risponde il commissario.

"E i vicini?" domanda Aurora.

"Ieri sera abbiamo parlato con quasi tutti. Nessuno ha visto o sentito niente di strano. Comunque più tardi torniamo al palazzo, non abbiamo ancora parlato con gli inquilini dell'interno 2 e dell'interno 11."

"Commissario, onestamente, quante probabilità ci sono di trovare il colpevole?" domanda Aurora.

Il commissario aspetta un po' prima di parlare. Cerca una risposta generica. vage

"Dipende da tante cose, signorina," dice poi.

risultato *m*	Ergebnis
(polizia *f*) scientifica	Spurensicherung
inquilino *m*	Hausbewohner
onestamente	ehrlich
colpevole *m*	Täter
generico	*hier:* vage
dipendere da qc./qu.	von jmd./etw. abhängen von

Esercizio 5: Definizioni. Welche Begriffe werden gesucht? Die Kästchen ergeben das Lösungswort!

1. Si suona alla porta. C A M [P] A N E L L [O]
2. Qui si mette la chiave. S E R [R] A T U R A
3. Medicina per dormire. C A L M A N [T] E
4. Il contrario di domanda. R I S P O S T [A]

Lösung: ☐☐☐☐☐

"Ma Lei ha esperienza. È il Suo lavoro. Io vorrei sapere cosa pensa Lei, la Sua opinione personale," insiste Aurora.
"Non è una questione di opinioni, signorina Rinaldi. La polizia guarda i fatti. Adesso aspettiamo i risultati della scientifica. Per oggi è tutto, potete andare."
"Mi scusi, commissario," dice Aurora. "Dov'è il bagno?"
"Esce dall'ufficio ed è la seconda porta a sinistra."
"Grazie. Allora, arrivederci."
"Arrivederci, signorina Rinaldi. Arrivederci, signor Terenzi."
"Arrivederci, commissario."
I due escono dall'ufficio. Mentre Aurora è in bagno, però, Luciano va di nuovo dal commissario.
"Mi scusi, commissario," gli dice. "Forse è stupido, ma io vorrei ripeterLe la domanda di Aurora. Quante probabilità ci sono di trovarlo?"
"Ascolti..." il commissario Bonetti fa una pausa. "Da alcuni mesi gira una banda di ladri polacchi. Rubano in appartamenti di palazzi signorili del centro di Roma. Abbiamo avuto già otto casi. Forse anche il furto a casa Rinaldi è opera di questa banda. Per saperlo dobbiamo aspettare i risultati della scientifica."
"Sapete chi sono?"
"Ancora no, ma ci siamo vicini."
"Grazie," risponde Luciano e va via.

esperienza *f*	Erfahrung
insistere	*hier*: drängen; beharren
fatto *m*	Tatsache
girare	*hier*: herumgehen
polacco	polnisch
rubare	stehlen
opera *f*	Werk
Ci siamo vicini.	Wir sind nah dran.

4 Fra amiche

Sono passati più di due mesi da quella tragica sera. **Mancano** pochi giorni a Natale. In casa Rinaldi suona il telefono.

"Pronto?" risponde Claudia.

"Pronto, Claudia? Sono Francesca. Come va?"

"Ciao Francesca. Mah, così così."

"Che cosa stai facendo?"

"Sto preparando la cena."

"E Aurora? È lì con te?"

mancare	fehlen
prova *f*	*hier*: Probe
salvare	retten
↯ anima e corpo	Leib und Seele
lassù	da oben
crescere	*hier*: aufwachsen

"No, Aurora è alle **prove**. Il 25 dicembre ha uno spettacolo importante."

"Per fortuna che ha la danza."

"Davvero. Il balletto l'**ha salvata** da una forte depressione. Dice che quando balla si sente più vicina a suo padre. Ci mette **anima e corpo**. Lo fa per lui. Sa che lui la vede anche da **lassù**."

"E tu?"

"Io devo essere forte, soprattutto per lei. Sono un po' preoccupata perché mangia poco. È sempre più magra. Non so che fare."

"Le ballerine sono tutte magre."

sperare qc = hoffen

"Sì, è vero. Però bisogna fare attenzione. È facile passare dalla magrezza alla malattia. Adesso sto preparando il suo piatto preferito, forse dopo le prove ha più fame."
"Speriamo. Senti, che cosa fate il 24 [i]?" domanda poi Francesca.
"Niente, Francesca. Per noi quest'anno non è Natale."
"Vi vogliamo invitare a casa nostra."
"Grazie, ma non veniamo. Ho già detto di no anche a mio fratello."
"Invece sì: dovete venire. Neanche per noi quest'anno è Natale dopo quello che è successo a Paolo. Però voglio comunque che stiamo insieme. Ramona torna a casa dall'Inghilterra, per le ragazze è un'occasione per vedersi e per parlare un po'. Non si vedono mai. Sono cresciute insieme."
Claudia rimane un po' in silenzio e poi dice: "Ne parlo con Aurora e ti faccio sapere, va bene?"
"Va bene, a presto allora."
"Ciao, Francesca."
La sera del 24 dicembre Claudia e Aurora sono a casa della famiglia Terenzi. Francesca ha preparato una cena a base di pesce, come vuole la tradizione.
Dopo cena le due ragazze vanno in camera di Ramona per parlare un po' da sole.
"Allora? Racconta un po' di Brighton. Come si vive lì?" domanda Aurora.

> In vielen Regionen Italiens wird in der Nacht vom 24. auf den 25. Dezember der **Weihnachtsabend** mit einem großen (meist fleischlosen, aber fischreichen) Essen gefeiert. Am Morgen des 25. Dezembers erhalten die Kinder ihre Weihnachtsgeschenke.

Esercizio 6: Pronomi. Unterstreichen Sie das richtige Pronomen!

le

1. Francesca vuole invitare Claudia e le / la telefona.
2. Claudia gli / le dice che per loro non è Natale.
3. Aurora è alle prove e Claudia le / la sta aspettando.
4. Quando Aurora torna, Claudia le / la domanda la sua opinione.

"Bene," risponde Ramona. "È una piccola città, è abbastanza tranquilla… al contrario di Roma!"
"E all'università? Ti trovi bene?" wissen
"Sì, anche se è un po' dura. Sai, imparare tutto in una lingua straniera non è facile. Ma il mio inglese va sempre meglio."
"E hai conosciuto qualcuno?"
"Sì, alcuni compagni di università. Spesso studiamo insieme. E poi le due ragazze che abitano insieme a me: una tedesca e un'altra italiana."
"E l'amore?"
"Negativo…" risponde Ramona con un sorriso. "Mi piace un ragazzo, ma purtroppo è già impegnato. E tu invece? Va meglio adesso con Lorenzo? Quando abbiamo chattato l'ultima volta mi hai detto che c'erano dei problemi."
"No, non va meglio. L'ho lasciato due settimane fa."
"Oh, mi dispiace…"

impegnato = vergeben

"Non fa niente. È meglio così. Non ho bisogno di un ragazzo che non mi capisce e non sa[i] **starmi vicino**. Dopo che papà è morto non ha saputo mai fare o dire la cosa giusta."

> **Sapere** bedeutet – je nach Zusammenhang – „wissen" oder „können" im Sinne einer erlernten Fähigkeit.
> Z. B.: **Non so guidare la macchina.** Ich kann nicht Auto fahren (= Ich habe nie gelernt, Auto zu fahren).

"Certo che sei sfortunata: prima la tragedia di tuo padre e adesso anche la fine di una storia d'amore..."

"In realtà non sto male perché la nostra storia è finita. Il dolore per papà è troppo grande **in confronto**. È solo triste vedere che quando va tutto bene sono tutti buoni e cari, quando hai un problema grande invece **viene fuori** l'egoismo delle persone. Non tutti sanno accettare i **lati** negativi della vita. Lorenzo è un ragazzo che vuole sempre essere allegro e **divertirsi**. Tu capisci però che in questo momento per me è veramente difficile pensare al **divertimento**..."

"Certo, naturalmente..." dice Ramona. Poi abbraccia forte la sua amica.

ϟ È dura.	Es ist hart.
impegnato	*hier*: vergeben
chattare	chatten
lasciare qu.	mit jmd. Schluss machen
Mi dispiace!	Es tut mir leid!
stare vicino a qu.	jmd. nahestehen
in confronto	im Vergleich
venire fuori	herauskommen
lato *m*	Seite
divertirsi	Spaß haben, sich amüsieren
divertimento *m*	Spaß, Vergnügen

"Grazie," dice Aurora. "Per fortuna ci sono le vere amiche come te."

Dopo un po' Ramona domanda: "Che cosa dice la polizia? Ha forse qualche novità?" "Purtroppo no. La Scientifica ha trovato dei capelli sconosciuti in soggiorno. Forse sono del ladro. Ma il DNA non è nella loro banca dati, quindi…"

"E non hanno trovato impronte digitali?

"Sì, ma solo le nostre. Sicuramente quel criminale aveva dei guanti."

Le due ragazze rimangono un po' in silenzio. Si sente solo la musica della radio.

Poi Aurora dice: "Però adesso voglio darti una bella notizia."

"Davvero?" dice Ramona.

"Sì. In febbraio veniamo in tournée a Londra[i]."

"Che bello! Allora vengo a vederti!"

"Oh sì, ti prego!"

> Die Ortsangabe erfolgt bei Städten mit der Präposition **a**, bei Länder- und Regionennamen mit **in**. Z. B. **Sono/Vado a Firenze/in Italia/in Toscana.**

"E se hai qualche giorno di vacanza, dopo puoi venire da me a Brighton!"

"No, purtroppo non ho giorni liberi in quel periodo."

"Ma magari in estate?"

"Sì, in estate sicuramente."

"Allora dobbiamo organizzare. Dopo che finisco gli esami vieni una o due settimane da me, facciamo un giro turistico in Inghilterra e poi torniamo insieme in Italia e andiamo al mare! Ti piace l'idea?"

"È perfetta," dice Aurora con un sorriso.

In quel momento bussano alla porta.

"Avanti!" dice Ramona.

"Scusate, ragazze, ma è tardi. Dobbiamo andare, Aurora domani deve alzarsi presto. Di mattina ha le prove e di pomeriggio lo spettacolo."

"Sì, lo so," dice Ramona. Poi prende una **busta** dal cassetto e continua: "Lo spettacolo inizia alle 18:00. Ecco il mio biglietto!"

"Fantastico! Vieni a vedermi?" domanda Aurora felice.

"Che domande! Sicuro! La mia migliore amica è una star del balletto, come posso non venire?"

"Non sono una star…" risponde Aurora.

"Non ancora, ma presto. Sicuramente molto presto!"

"Vediamo…" dice l'amica. "A domani, allora! Grazie di tutto e buonanotte."

"A domani! Buonanotte!"

novità *f*	Neuigkeit
sconosciuto	unbekannt
banca *f* dati	Datenbank
impronta *f* digitale	Fingerabdruck
notizia *f*	Nachricht
aveva (avere)	(er) hatte
bussare	(an)klopfen
Avanti!	Herein!
busta *f*	*hier*: Umschlag

Esercizio 7: Orario. **Wie spät ist es? Schreiben Sie die Uhrzeiten aus!**

1. 10:13 *Sono le dieci e tredici.*
2. 12:10 È mezzogiorno e 10 (dieci)
3. 8:15 Sono le otto e un quarto
4. 13:30 È l'una e mezzo

5 Una festa

I mesi passano. È primavera. Aurora è sempre più brava. Nella compagnia si parla già del suo futuro di prima ballerina.
Ma Aurora rimane la ragazza semplice di sempre. È **modesta** come era modesto suo padre.
È un sabato pomeriggio di metà aprile. Aurora[i] è in camera sua. Suona il suo cellulare. Aurora vede il numero: è la sua amica Serena.

> Der Name **Aurora** bedeutet auf Deutsch Sonnenaufgang. **Serena** hingegen ist die Ausgeglichene.
> Nicht alle Vornamen, die auf **-a** enden, sind in Italien Frauennamen. Z. B. **Andrea** ist ein rein männlicher Vorname.

"Ciao Serena!" risponde.
"Ciao Aurora, come stai?"
"Bene, bene. E tu?"
"Anch'io bene, grazie. Che fai stasera? Sei a teatro?"
"No, questo fine settimana sono libera."
"Perfetto! Allora vieni con me ad una festa!"
"No, Serena, **non mi va**."
"Per favore, Aurora! Non usciamo mai insieme, tu non hai mai tempo. Per una volta che sei libera…"
"Che festa è?"
"È la festa di compleanno di una mia compagna di università. È molto carina, e comunque c'è solo gente simpatica. Sono sicura che ci divertiamo!"
"C'è anche Lorenzo?"

"Ma no, certo che no! Anche se studiamo alla stessa facoltà non siamo grandi amici."
"Non lo vedi più?"
"Sì, lo vedo a lezione. Ogni tanto prendiamo un caffè insieme durante la pausa, ma niente di più. Dopo la fine della vostra storia **evita** anche me, mi **sembra**. Ma non mi interessa. Solo una cosa mi dispiace: te l'ho presentato io l'anno scorso."
"Ma no, tu non hai colpa. È solo che non mi va di vederlo."
"Ma ti ripeto che alla festa di Carlotta non viene."
"E va bene, allora vengo!"
"Fantastico! Ti passo a prendere alle otto!"
"E il **regalo**?"
"Non c'è problema, ci penso io!"

modesto	bescheiden
ϟ Non mi va.	Ich habe keine Lust darauf.
evitare qu.	jmd. meiden
sembrare	scheinen
regalo *m*	Geschenk
festeggiata *f*	*hier*: Geburtstagskind

La festa è davvero bella. Carlotta, la **festeggiata**, è una ragazza simpatica. Aurora è contenta di essere lì. Verso le nove e mezza arriva un'altra invitata. È una ragazza molto carina. Anche lei è una compagna di università. Si chiama Roberta.
"Auguri, Carlotta!" dice la ragazza. "Tieni, questo è per te."
"Grazie, Roberta!" risponde Carlotta. "Lo apro subito. E il tuo nuovo amore? Non è venuto?"
"No, purtroppo stasera deve lavorare."
"Peccato! Vieni, ti presento una persona. Questa è Aurora."
"Ciao, io sono Roberta."

"Lo sai che Aurora è una ballerina di danza classica? Lavora per il Balletto di Roma."
"Davvero?" risponde Roberta. "Oh, come ti **invidio**! Io **adoro** il balletto. Ho fatto danza classica per tanti anni, poi però i miei genitori hanno deciso che è meglio l'università..."
"E tu? Non hai protestato?" domanda Aurora.
"Ho capito che forse hanno ragione loro. Per essere ballerina di professione ci vuole una grande disciplina. E la disciplina **non è** proprio **il mio forte**..." dice Roberta e ride.

invidiare	beneiden
adorare	*hier*: lieben
ϟ Non è il mio forte.	Das ist nicht meine Stärke.

Esercizio 8: Domande. **Beantworten Sie die Fragen zum Text!**

1. Chi è Serena?

____

2. Perché Serena telefona ad Aurora?

____

3. Come mai Serena conosce Lorenzo?

____

4. Chi compra il regalo?

____

Anche Aurora sorride, poi per caso guarda le mani di Roberta e all'improvviso diventa molto **pallida**.
Roberta ha alla mano un **anello** con un grande rubino rosso. Aurora lo riconosce subito: è l'anello della sua **bisnonna**. È uno dei gioielli di famiglia rubati nel suo appartamento.
"Che cos'hai?" le domanda Roberta. "Non ti senti bene?"
Aurora cerca di controllare le sue emozioni e risponde:
"No, no, **mi gira** un po' **la testa**. Andiamo al buffet?"
"Molto volentieri! Anch'io ho fame."
Davanti al buffet Aurora domanda alla ragazza:
"Il tuo anello è bellissimo. Dove l'hai comprato?"
"Grazie! È bello, vero? Non l'ho comprato, è un regalo del mio ragazzo."
"State insieme da tanto?"
"No, da neanche un mese."
"E ti fa già dei regali così preziosi?"
"È un **matto**, lo so! Dice che **guadagna** bene e che gli piace fare sentire la sua ragazza una **regina**!"
"E che lavoro fa?" domanda Aurora.
"Lui studia con noi Economia e commercio, però durante tutto il fine settimana fa da **autista** a un **uomo d'affari** importante. Almeno è quello che dice... **Infatti** adesso è al lavoro."

pallido	blass
anello *m*	Ring
bisnonna *f*	Urgroßmutter
Mi gira la testa.	Mir ist schwindelig.
matto *m*	Verrückter
guadagnare	verdienen
regina *f*	Königin
autista *m*	Fahrer
uomo *m* d'affari	Geschäftsmann
infatti	in der Tat

"E come si chiama?" continua Aurora.
"L'uomo d'affari? Non lo so, **segreto** professionale!"
"No, voglio dire: come si chiama il tuo ragazzo?"
"Ah, Mirco. Si chiama Mirco."
Nel frattempo arriva anche Serena e dice: "Mirco? Un grande **sbruffone**. **Degno** amico di Lorenzo!" Con queste parole Serena guarda Aurora. Poi continua: "Ma come fai a stare insieme a lui, Roberta?"
"Diciamo che ha i suoi lati positivi," risponde questa e fa vedere l'anello con un sorriso.
"Aha, adesso capisco... Comunque venite adesso, c'è la torta!"
Dopo la torta Aurora dice all'amica Serena: "Serena, io vado a casa adesso, non mi sento bene."
"Che cos'hai?" domanda l'amica **preoccupata**.
"Non lo so, mi gira la testa. Preferisco andare via."
"Hai bevuto troppo? Ti accompagno, se vuoi."
"No, no. Non è niente di particolare. Forse sono solo stanca. Tu rimani. Io prendo un taxi."
Aurora saluta tutti e prima di andare via domanda a Roberta il numero di cellulare: "Così quando ho qualche biglietto gratis puoi venire a teatro," le dice. Roberta naturalmente è felicissima. Non pensa che Aurora invece ha un **obiettivo** molto diverso.

segreto *m*	Geheimnis
sbruffone *m*	Angeber
degno	würdig, ebenbürtig
preoccupato	besorgt
obiettivo *m*	Ziel

6 Gioco pericoloso

Appena Aurora chiude la porta comincia a correre giù per le scale. Per la fretta quasi cade.
Fuori dal portone continua a camminare velocemente. Prende il cellulare dalla borsa. Le sue mani tremano. Fa il numero del commissario Bonetti.
Il commissario non risponde subito. Sono già le undici di sera.

pericoloso	gefährlich
correre	rennen
camminare	laufen, gehen

"Pronto?"
"Commissario Bonetti! Per fortuna mi risponde! Lo so, è tardi, ma è importantissimo! Ho trovato un anello, voglio dire, non l'ho trovato, l'ho solo visto, ma è l'anello della mia bisnonna e so dov'è..."
"Un momento, ma chi parla?"
"Mi scusi, ha ragione, sono Aurora Rinaldi. Il caso di via Merulana, si ricorda?"
"Ah, signorina Rinaldi, mi ricordo, certo. Che cosa è successo?"
Aurora racconta tutto al commissario. Alla fine il commissario dice: "Ci vediamo domani mattina alle nove nel mio ufficio. Va bene?"
"Va bene, commissario, buonanotte."

Aurora chiama un taxi e va a casa. Sua madre sta già dormendo, ma Aurora la **sveglia**. Deve assolutamente parlare con lei. Mamma e figlia rimangono a parlare per tutta la notte in cucina.

La mattina alle nove sono tutte e due nell'ufficio del commissario Bonetti.

"Ecco, questo è il numero di cellulare di quella ragazza, Roberta Vallino," dice Aurora.

"E come si chiama il ragazzo?"

"Si chiama Mirco, ma non so il cognome. Però mi hanno detto che è un amico di Lorenzo, il mio ex ragazzo. Si ricorda di lui, no? Questo è il suo numero e questo è il suo in-

Esercizio 9: Pronomi. Ersetzen Sie die unterstrichenen Wörter durch die passenden Objektpronomen!

1. Il commissario Bonetti conosce *Aurora*.

   Il commissario Bonetti la conosce.

2. Il commissario Bonetti telefona *a Aurora*.

   ____

3. Il commissario Bonetti va a trovare *Lorenzo*.

   ____

4. Aurora sveglia *la mamma*.

   ____

dirizzo. Sono sicura che anche Lorenzo ha la sua **parte** in questa brutta storia. Non può essere solo un caso."
"Credo anch'io," risponde il commissario. "Vado subito a trovarlo con un collega."
"Veniamo anche noi," dice la mamma di Aurora.
"No, signora Rinaldi. Voi andate a casa. Vi chiamo io quando ho delle novità."
Un'ora dopo Bonetti suona alla porta di Lorenzo Veroli. Apre sua madre.
"Buongiorno, signora. Sono il commissario Bonetti. Questo è il mio collega, l'ispettore Mezzani. Cerchiamo Lorenzo Veroli. Abita qui, vero?"
"Certo, è mio figlio. Ma che succede?" dice la signora preoccupata.
"Dobbiamo parlare con lui. È in casa?"
"Si, ma sta ancora dormendo. È tornato molto tardi stanotte."
"Dobbiamo svegliarlo, è molto importante. Se **permette** facciamo noi, signora."
La mamma di Lorenzo **indica** una porta.
"Quella è la sua camera," dice piano.
Guarda i due uomini che entrano nella camera di Lorenzo. Deve essere un errore. Il suo Lorenzo è un bravo ragazzo!
Il commissario apre la finestra della camera di Lorenzo. Entra la luce forte del sole. Lorenzo **si copre** gli occhi con la mano.

svegliare	aufwecken
parte *f*	*hier*: Rolle
permettere	erlauben, gestatten
indicare qc.	auf etw. zeigen
coprirsi	sich decken

"Mamma, che fai? Voglio dormire ancora!"
"Non è mamma, ragazzo. Sono il commissario Bonetti. Come fai a dormire con un uomo sulla **coscienza**?"
Lorenzo apre subito gli occhi, si siede sul letto e guarda i due uomini. Nei suoi occhi si vede chiaramente la paura.

Esercizio 10: Participio passato. **Lesen Sie weiter und ergänzen Sie die Partizipien!**

"Che vuole dire, commissario? Io non ho **1. fare** ___*fatto*___ niente, io non ho **2. uccidere** ____________ nessuno!" dice con voce ancora **rauca**.

"Allora chi è **3. essere** ____________? Il tuo amico Mirco? Abbiamo già **4. parlare** ____________ con lui, sai? Ci ha detto tutto. Ci ha detto che hai ucciso tu il signor Rinaldi," **mente** il commissario.

"Non è vero! È stato lui! È stato Mirco! È un idiota! Io gli ho telefonato! Gli ho detto: 'Il padre sta tornando! Vai via subito!' Ma no, lui ha dovuto **fare di testa sua**! Il **piano** non era quello!"
"Ah no? E qual era il piano allora?" domanda l'ispettore.
"Il piano era di prendere solo i gioielli e basta. Era una cosa da cinque minuti: a casa non c'era nessuno, avevamo le chiavi, sapevo dov'era la cassaforte e che la chiave era sotto la

statua. E invece il signor Rinaldi è tornato. Questo ha cambiato tutto! Io ero sotto casa, l'ho visto arrivare di corsa! Ho subito chiamato Mirco! Ma Mirco non mi ha ascoltato... Però lui... non voleva ucciderlo, l'ha colpito troppo forte, è stata solo sfortuna (i)..."

Il ragazzo comincia a piangere forte.

"E le chiavi? Sono quelle che ha perso Aurora?" continua il commissario.

> Durch die Vorsilbe **dis-**, **s-** und **de-** wird die Bedeutung oftmals ins Gegenteil gekehrt: z. B. **fare** (machen, tun) - **disfare** (zerstören); **fortuna** (Glück) - **sfortuna** (Pech), **comporre** (bilden) - **decomporre** (zersetzen).

"Sì, però in realtà non le ha perse, le ho prese io," risponde Lorenzo in lacrime.

"Ma perché, Lorenzo? Mi dici perché? Sei un ragazzo che studia e vive con la famiglia che, **peraltro**, non mi sembra criminale. Perché rubare? E perché proprio alla tua ragazza?" domanda il commissario.

"Mirco non vi ha detto niente?"

"No."

"Io e Mirco giochiamo. Siamo bravi a poker. Siamo entrati in un **giro grosso**. Si gioca con i soldi, tanti soldi. Giochiamo anche **per conto di** altre persone."

"E i vostri genitori lo sanno?"

coscienza *f*	Gewissen
rauco	rau, heiser
mentire	lügen
↯ fare di testa propria	seinen Kopf durchsetzen
piano *m*	*hier*: Plan
peraltro	im Übrigen
↯ giro *m* grosso	großer Kreis
per conto di	im Auftrag von

"Naturalmente no! Sanno che lavoriamo tutto il fine settimana per finanziarci gli studi. Però lo scorso settembre **abbia**

mo esagerato. **Abbiamo perso** una grande somma. E non erano soldi nostri. Erano di persone importanti e pericolose. Avevamo paura, anche per le nostre famiglie. Gente così non **perdona**. Come **restituire** tutti quei soldi? Un pomeriggio ero a casa di Aurora, lei ha aperto la cassaforte davanti a me. Mi ha fatto vedere dei gioielli di famiglia: bellissimi e preziosissimi. Allora io ho avuto l'idea. Era l'unica possibilità. Ed era facile, era un piano perfetto."

esagerare	übertreiben
perdere	verlieren
perdonare	verzeihen, vergeben
restituire	*hier*: zurückzahlen

"Non esistono piani perfetti, ragazzo. Adesso andiamo da Mirco... Ispettore Mezzani, come fa di cognome Mirco? In questo momento non mi ricordo."
L'ispettore risponde: "Aspetta un momento..."
Lorenzo allora dice: "Enziani, Mirco Enziani."
"Bene, ragazzo. Ci dici anche l'indirizzo? Altrimenti lo troviamo noi comunque."
Lorenzo guarda il commissario: "Ma come l'indirizzo? Avete già parlato con lui..."
Poi capisce.
"Sono un idiota," dice piano.

Sulla cattiva strada

Alessandra Felici Puccetti

1 Il primo amore

Nei libri di storia si legge che Roma è nata sui colli a est del fiume Tevere. Ora, quasi tremila anni dopo, la città è molto, molto più grande. A est del Tevere, però, ci sono ancora alcuni dei quartieri residenziali più belli: quello dei Parioli, per esempio, oppure quello di Monte Sacro.

storia *f*	Geschichte
nascere	*hier*: entstehen
colle *m*	Hügel
est *m*	Osten
fiume *m*	Fluss
ora	nun
quartiere *m* residenziale	Wohnviertel
tranquillo	ruhig
giardino *m*	Garten
rimanere	bleiben

Monte Sacro, un quartiere tranquillo, con molto verde, è conosciuto anche con il nome di "città giardino".

Qui abitano i Santoro. Sono una famiglia come tante altre: padre, madre e due figli, Stefano e Isabella.

Stefano va alla scuola media, Isabella è all'ultimo anno di liceo.

Oggi, alla fine delle lezioni, Isabella è rimasta a parlare con le amiche davanti alla scuola.

Una delle ragazze dice: "Marco mi ha mandato un sms. Stasera va con gli altri in pizzeria, chiede se andiamo anche noi. Che cosa rispondo?"

Le amiche si guardano indecise.
"Per me va bene," dice per prima Rosaria. "Dopo che facciamo? Beviamo qualcosa a casa sua?"

indeciso	unentschlossen, ratlos
noia *f*	Langeweile
insistere	*hier*: drängen, beharren
discutere	diskutieren
ϟ secchiona *f*	Streberin
alzare le spalle	mit den Schultern zucken

"No, che noia!" risponde Sabina. "C'è un concerto in centro. Ho controllato: ci sono ancora dei biglietti..."
"Quanto costano?"
"Mah, non lo so, Rosaria... dov'è il problema?"
"Adesso pensiamo alla cena," insiste la ragazza dell'sms, "che rispondo a Marco?"
Mentre le amiche discutono su cosa fare, Isabella non dice niente.
"Ciao a tutte," saluta dopo un po', "io vado a casa. Ci vediamo lunedì."
Sabina non capisce: "Lunedì? Ma oggi è venerdì! Vai al mare con i tuoi, partite già stasera?"
"Al mare? No, devo studiare."
"E allora? Non hai il tempo di mangiare una pizza con noi questa sera? Sei diventata una secchiona?!"
Isabella alza le spalle senza rispondere.

Im umgangssprachlichen Italienisch wird anstelle von **che cosa** oftmals einfach nur **che** oder **cosa** verwendet.

Studiare bedeutet sowohl „studieren" als auch „lernen". Außerdem: **professori** bzw. **professoresse** sind in Italien nicht nur Universitätsdozenten und -dozentinnen, sondern auch Lehrer(innen) der höheren Schule.

Esercizio 1: Aggettivi possessivi. **Ergänzen Sie die passenden Possessivadjektive!**

1. Isabella e le _sue_ amiche parlano davanti alla scuola.
2. La ragazza non va al mare con i ___________ **genitori**.
3. Rosaria aiuta sempre la ___________ amica.
4. Per Sabina Isabella non va in pizzeria perché esce con il ___________ ragazzo.
5. I signori Santoro e i ___________ figli abitano a Monte Sacro.

Rosaria va in aiuto dell'amica: "Isabella deve studiare veramente. Noi non abbiamo la professoressa Poletti, ma lei sì. La Poletti è contenta quando può dare brutti **voti**; lo sai anche tu, Sabina."
Sabina fa un **sorriso** ironico: "Per me invece il motivo è un altro. **Via**, Isabella, perché non dici che hai il **ragazzo**? Dove l'hai conosciuto?"
Isabella risponde: "Senti, Sabina, tu sei libera di non credere alle mie parole e io sono libera di studiare quando voglio, va bene?"

genitori *m pl*	Eltern
voto *m*	*hier*: (Schul) Note
sorriso *m*	Lächeln
via	*hier*: komm; los
ragazzo *m*	*hier*: Freund, Verlobter

Poi la ragazza dà un bacio a Rosaria e va alla fermata dell'autobus.

Venti minuti dopo è sotto casa.

Prima di entrare, controlla il cellulare. Ci sono due sms, uno di Rosaria e uno di Lucio.

Il primo dice: `Ho convinto Sabina che non hai nessuno ;).`

Il secondo: `Stasera non lavoro. Alle nove al solito posto. Ti amo.`

Isabella risponde subito e apre la porta.

"Ciao mamma, sono io!" grida dall'ingresso. "Ho una fame... Che c'è per pranzo?"

"Spaghetti all'amatriciana [i] e dopo ciliegie."

"Mmmm, le prime ciliegie... Un minuto e arrivo."

In cucina la signora Santoro sorride. È contenta dei suoi figli. Stefano e Isabella sono ragazzi simpatici, bravi a scuola e con tanti amici.

Stefano è ancora un bambino, ma Isabella è in un'età difficile. A diciotto anni i giovani vogliono essere indipendenti, prendono le distanze dai genitori.

bacio *m*	Kuss
fermata *f* dell'autobus	(Bus)Haltestelle
cellulare *m*	Handy
convincere	überzeugen
solito	üblich, gewohnt
gridare	schreien, rufen
ingresso *m*	*hier*: Diele; Eingang
fame *f*	Hunger
ciliegia *f*	Kirsche
sorridere	lächeln
età *f*	Alter
indipendente	selbstständig, unabhängig
prendere le distanze da qu./qc.	sich von jmd./etw. distanzieren

Es handelt sich um Spaghetti mit einer würzigen Tomaten-Specksoße. Das Gericht ist nach dem angeblichen Ursprungsdorf **Amatrice**, ca. 130 km von Rom entfernt, benannt worden.

Isabella invece è rimasta la ragazza dolce di sempre. Certo, qualche volta **litiga** con il fratello, ascolta musica **a tutto volume** oppure esce la sera con gli abiti troppo corti. Questi però non sono problemi veri.

Esercizio 2: Verbi irregolari. Wie lautet das Partizip der unregelmäßigen Verben? Setzen Sie ein!

1. Isabella ha prendere *preso* l'autobus vicino alla scuola.
2. Quando ha leggere __________ l'sms dell'amica, ha rispondere __________ subito.
3. Rosaria ha convincere __________ Sabina che Isabella deve veramente studiare.
4. Il signor Santoro è rimanere __________ al lavoro.

In cucina la pasta è pronta. Il signor Santoro non torna per pranzo. La moglie invece ha un lavoro part-time e passa più tempo in casa. "Com'è andato il **compito in classe**?" domanda ora a Isabella.

litigare	(sich) streiten
a tutto volume	in voller Lautstärke
compito *m* in classe	Schulaufgabe

"Insomma... così così."
"È difficile studiare con il caldo, l'estate è arrivata presto quest'anno. Però devi **tenere duro**, se vuoi diventare medico come tuo padre. A luglio hai l'**esame di maturità**."
"Lo so, mamma, non devi ripeterlo tutti i giorni."
"Cosa vuoi, le madri sono **noiose**... **A proposito**: non si parla con la **bocca** piena!"
Il pranzo finisce in un'atmosfera **rilassata**.
Più tardi Isabella dice: "Ah, senti, mamma, stasera andiamo tutti in pizzeria."
"Tutti... chi?"
"Rosaria, Sabina, Marco... i soliti. Dopo resto a dormire da Rosaria."

tenere duro	durchhalten
esame *m* di maturità	Abiturprüfung
noioso	*hier*: lästig
a proposito	apropos
bocca *f*	Mund
rilassato	entspannt
stare attento	aufpassen
motorino *m*	Mofa, Moped
sparecchiare la tavola	den Tisch abdecken
sollievo *m*	Erleichterung
mentire	lügen

"Ok, ma non fate tardi. E **stai attenta** con il **motorino**! Hai capito?"

La signora Santoro **sparecchiava la tavola**[i] quando ha risposto a Isabella. Quindi non ha visto il **sollievo** della figlia.
Da qualche tempo Isabella ha imparato a **mentire**, a

Im Italienischen gibt es sowohl **il tavolo** als auch **la tavola.** Bei der männlichen Form handelt es sich vorwiegend um den Tisch an sich, also um das Möbelstück, bei der weiblichen Form ist es eher der gedeckte Tisch, also im Sinne von Tafel. Der Unterschied ist geringfügig. Allerdings sagt man auf Italienisch: prenotare un tavolo (einen Tisch reservieren).

casa e con gli amici. Le **bugie** non le piacciono, ma solo così può **nascondere** la sua storia con Lucio.
Isabella l'ha conosciuto in discoteca. Lucio lavora lì.

Esercizio 3: Lettere in disordine. Lesen Sie weiter und ordnen Sie die Buchstaben zu sinnvollen Wörtern!

Hanno cominciato a **chiacchierare**, si sono rivisti una o due volte e poi lui le ha chiesto di uscire **1. misenie** _*insieme*_.
Al primo **appuntamento**, a Villa Borghese, hanno parlato di tante cose. Per Isabella Lucio è molto più **2. tressinetean** ______________ dei ragazzi del suo **ambiente**.
In effetti, più che un **3. zagoraz** ______________, lui è un uomo: ha ventisette anni, non sta dai **4. tironige** ______________, lavora. Non ha viaggiato e non ha fatto l'università, ma sa **arrangiarsi**. E questa - dice lui - è la cosa più **5. mapotrinet** ______________.

"Lo devi conoscere assolutamente!" ha detto Isabella a Rosaria già dopo il primo appuntamento.
Isabella parla del suo ragazzo solo con Rosaria. Anche se lo ama molto, infatti, sa che nel suo ambiente lui è **impre-**

sentabile. È troppo diverso dagli altri, in tutto: dai vestiti alle idee politiche.
"Lucio a cena da me, ti immagini?" scherza con l'amica. "Mamma racconta delle vacanze in Sardegna mentre lui non ha i soldi per arrivare alla fine del mese. Oppure papà[i] sente del lavoro in discoteca e il vino gli va di traverso... No, non è possibile!"
Rosaria conosce la situazione. I suoi genitori non hanno tanti soldi. Isabella è sempre stata dalla sua parte, non ha mai fatto commenti antipatici. Per questo lei ora l'aiuta quando si incontra di nascosto con Lucio.
Alle otto e mezzo Isabella esce di casa. Pensa alla mamma, che non sa dove lei passerà veramente la notte, e sospira. Poi i suoi pensieri sono tutti per Lucio.

> Das eigentliche Wort für Papa ist **babbo. Babbo** wird inzwischen fast ausschließlich in der Toskana verwendet, in den anderen Regionen sagt man **papà**. Achten Sie auf den Akzent: **Papa** (ohne Akzent) heißt nämlich „Papst"!

bugia *f*	Lüge
nascondere	geheim halten, verbergen
chiacchierare	plaudern
appuntamento *m*	Verabredung, Termin
ambiente *m*	*hier*: Umgebung
in effetti	in der Tat
arrangiarsi	zurechtkommen, sich behelfen
impresentabile	nicht vorzeigbar
immaginarsi	sich vorstellen
raccontare	erzählen
ϟ il vino gli va di traverso	(er) verschluckt sich am Wein
parte *f*	*hier*: Seite
commento *m*	*hier*: Bemerkung
di nascosto	heimlich
passerà (passare)	*hier*: (sie) wird verbringen
sospirare	seufzen
pensiero *m*	Gedanke

2 Un brutto sospetto

I Crivelli abitano nel quartiere Parioli.

Il loro appartamento, all'ultimo piano, con una grande terrazza, è in una delle zone più eleganti di Roma. In famiglia, però, da qualche tempo c'è una brutta atmosfera.

È così anche questa sera.

I signori Crivelli stanno litigando e il motivo è, come sempre, il figlio Alessandro. Massimo Crivelli è arrabbiato con la moglie: "Alessandro esce tutte le sere e tu non gli dici niente! Ma quando studia quello? Se continua così, ripete l'anno."

> Zur Wiederholung: Das **Gerundium** bildet man, indem man die Endung **-ando** (für die Verben auf **-are**) bzw. **-endo** (für die Verben auf **-ere/-ire**) an den Verbstamm anhängt.
> Die Form **stare + gerundio presente** drückt eine Handlung aus, die sich gerade vollzieht (**Laura sta telefonando** = Laura telefoniert gerade).

"Non è facile convincere un ragazzo della sua età a studiare. Ma certo: tu non puoi saperlo perché non sei mai a casa."

"I soldi non si trovano per strada, qualcuno deve anche lavorare, no? Tu invece non hai molto da fare, almeno segui tuo figlio!"

sospetto *m*	Verdacht
piano *m*	*hier*: Stockwerk
arrabbiato	verärgert, wütend
trovare	finden

"*Nostro* figlio!"

"Va bene: nostro figlio. Per me comunque Alessandro ultimamente è strano. È stanco, irritabile, non racconta più niente…"

ultimamente	in letzter Zeit, jüngst
stanco	müde
irritabile	reizbar
comunque	wie auch immer
preoccupato	besorgt
svogliato	lustlos
giro *m* di droga	Drogenring

"E allora? Alla sua età la famiglia non è più il centro del mondo, gli amici sono più importanti dei genitori. Alessandro sta diventando grande! Comunque la prossima settimana vado a parlare con i professori."

"Sì, ma c'è anche quell'altra cosa…" continua il signor Crivelli preoccupato.

La moglie capisce subito a che cosa pensa il marito: ne hanno già parlato altre volte.

"Dobbiamo avere fiducia in Alessandro," gli dice. "Forse è un po' svogliato, ma non si droga. È un bravo ragazzo… proprio come i suoi amici."

Massimo Crivelli insiste: "Tu li conosci i suoi amici? Tutti belli, ricchi, di buona famiglia… ma poi? Che cosa fanno veramente? Oggi il signor Valloni del terzo piano parlava proprio di un giro di droga nel liceo di Alessandro. Come vedi, non è solo una mia idea. I ragazzi cominciano a drogarsi perché lo fanno gli amici e dopo non sanno

Das Wort **ne** ersetzt Verbindungen mit **da** und **di**. Es steht also für **da/di** + Pronomen (**lui/lei/loro**), **da/di** + **ciò** und **da/di** + **qui** bzw. **lì**.

più **smettere**. I genitori **se** ne **accorgono** sempre troppo tardi!"

La signora Crivelli è stanca di discutere. Secondo lei il sospetto del marito è senza motivo. Alessandro ha solo qualche problema a scuola, come altri ragazzi della sua età.

Due settimane più tardi, però, la signora non è più tanto sicura. Anche lei comincia ad avere qualche **dubbio** sul figlio. Non per i voti di Alessandro o per il suo **comportamento**. Il problema è che, per la seconda volta, in casa **manca** qualcosa.

La prima volta è mancata una **collana**. La signora Crivelli l'**aveva messa** mesi prima e poi mai più. Quando l'**ha cercata** di nuovo, non l'ha trovata. Ha pensato di averla **dimenticata** in qualche **cassetto**, ha guardato **dappertutto**, ma la collana **era sparita**.

Poi sono spariti anche un tablet e un orologio. E questa volta la **distrazione** non **c'entra**. Il tablet era certamente in soggiorno quando la signora e il marito sono partiti per il **fine settimana**. Al ritorno, invece, non c'era più.

smettere	aufhören
accorgersi di qc.	etw. (be)merken
dubbio *m*	Zweifel
comportamento *m*	Benehmen
mancare	fehlen
collana *f*	Halskette
aveva messa	*hier*: (sie) hatte (sie) sich angelegt
cercare	suchen
dimenticare	vergessen
cassetto *m*	Schublade
dappertutto	überall
sparire	verschwinden
distrazione *f*	*hier*: Zerstreutheit
ϟ entrarci con qc.	mit etw. zu tun haben
fine *m* settimana	Wochenende

Alessandro dice che non l'ha preso, ma la madre non sa se credergli.

"E se Alessandro si droga veramente?" si chiede. "Forse i soldi che gli diamo non **bastano** per pagare la droga e lui **ruba** in casa? Meglio qui che fuori... Ma io adesso che cosa faccio? Devo parlare apertamente del mio sospetto? Con chi? Prima con Alessandro? Lui naturalmente **negherà** tutto."

bastare	(aus)reichen, genügen
rubare	stehlen
negherà (negare)	(er) wird alles verneinen
prova *f*	*hier*: Beweis
incertezza *f*	*hier*: Unsicherheit, Ungewissheit

La signora Crivelli non ha nessuna **prova**. D'altra parte il marito ha lo stesso sospetto già da qualche settimana, lei forse ha sbagliato a non dargli importanza.

Dopo qualche giorno d'**incertezza** la donna parla dei suoi dubbi con tutta la famiglia.

Esercizio 4: Vero o falso? Welche Aussagen sind richtig? Kreuzen Sie an!

La signora Crivelli...

1. ... non trova più la sua collana. ☒
2. ... aveva lasciato il tablet in camera sua. ☐
3. ... è partita con il figlio per il fine settimana. ☐
4. ... non sa se Alessandro le dice la verità. ☐
5. ... non sa se parlare del suo sospetto. ☐

La discussione che segue è molto vivace.

Alessandro, rosso in viso e arrabbiatissimo, grida alla madre: "Drogato e anche ladro! È questo che pensi di me, vero? Siamo proprio una bella famiglia! E va bene, se la mia parola non ti basta, faccio un test antidroga... Ma non parlarmi più di fiducia tra genitori e figli, mai più!"

vivace	lebhaft
viso *m*	Gesicht
ladro *m*	Dieb

Il test antidroga è negativo.

Alessandro è nervoso come prima, ma i genitori sono così contenti che non dicono più niente.

Esercizio 5: Preposizioni. Lesen Sie weiter und ergänzen Sie die Präpositionen, wenn nötig mit dem Artikel!

Il problema **1.** *dell'*inizio, comunque, rimane.

La collana **2.** ______________ signora Crivelli forse è **3.** ______________ qualche parte **4.** ______________ grande appartamento, ma il tablet e l'orologio sono veramente spariti. Chi li ha presi?

La signora adesso ha un altro sospetto e questa volta va **5.** ______________ polizia.

La sua **denuncia** è importante.
Il commissario Volpi, infatti, sta **indagando** su una serie di **furti** ai Parioli, a Monte Sacro e anche nel quartiere Trieste, che è vicino ai primi due.

denuncia *f*	Anzeige
indagare	ermitteln
furto *m*	Diebstahl
sistema *m* antifurto	Diebstahlsicherung
scasso *m*	Einbruch
persona *f* di servizio	Hausangestellte(r)
professionista *m/f*	Profi
strumento *m*	*hier*: Gerät
sofisticato	hochentwickelt
indagine *f*	Ermittlung
estraneo	fremd
giardiniere *m*	Gärtner

Qui abitano famiglie ricche. Nelle case e negli appartamenti ci sono spesso **sistemi antifurto** moderni. I furti però sono stati sempre senza **scasso**. Per la polizia, quindi, i ladri sono o **persone di servizio** oppure **professionisti** che lavorano con **strumenti sofisticati**. Le **indagini** sulle persone di servizio non hanno portato a niente. D'altra parte professionisti di quel tipo normalmente fanno furti in grande stile, non rubano tablet e orologi qua e là.
Con la denuncia della signora Crivelli si apre finalmente un'altra possibilità.
"Guardi," dice la donna a Volpi, "per la collana non sono sicura al cento per cento, ma per il tablet e l'orologio sì. Ho controllato bene le date, in casa nostra in quei giorni è venuta una sola persona **estranea**: il **giardiniere**! Mi ricordo benissimo."
"Il giardiniere? Ma non ha detto che Lei abita all'ultimo piano?"

"È vero, ma abbiamo una terrazza grande come un giardino."

"Ah... E questo giardiniere come si chiama?"

"Si chiama Brocchi, commissario. L'anno passato veniva un altro, ma da questa primavera 'Verdeincasa' manda sempre lui."

"'Verdeincasa'?"

"È una ditta di giardinaggio. Il giardiniere è venuto venerdì 16, circa alle quattro del pomeriggio. Mio figlio è andato con lui in terrazza e poi è tornato nella sua stanza. In casa non c'erano altre persone. Alle sei l'uomo ha chiamato

Esercizio 6: Pronomi dimostrativi. Setzen Sie die passenden Demonstrativpronomen in die Lücken!

~~questi~~ | quest' | questo | quello | quella

1. _Questi_ sono i nomi delle altre famiglie e ______________ è il biglietto da visita della ditta.
2. Noi abbiamo scelto la ditta "Verdincasa" perché è ______________ che lavora meglio.
3. Purtroppo ______________ anno la ditta ha mandato proprio lui.
4. Commissario, ritroverà ______________ che Brocchi ha rubato?

dall'ingresso per dire che aveva finito (i). Naturalmente mio figlio non ha visto niente, ma un tablet e un orologio si nascondono facilmente, no?"
"La ditta di Brocchi lavora molto nel Suo quartiere, signora?"
"Credo di sì. Va da almeno due famiglie che abitano vicino a noi. Posso darLe i nomi e gli indirizzi."
Poi la signora Crivelli prende dalla **borsa** un **biglietto da visita**.
"Ecco, questo è il numero di telefono di 'Verdeincasa'. Io lì non ho ancora parlato con nessuno. **Mi dispiace** per la ditta, ma non vedo altra possibilità. Il ladro può essere solo Brocchi. Forse ha ancora qualcosa di quello che ha rubato. Nel tablet ci sono tutte le foto di famiglia degli ultimi anni."
La signora sospira, il commissario guarda il biglietto da visita senza dire niente.
Dopo qualche secondo Volpi chiede: "C'è una cosa che non capisco. Perché ha aspettato tanto con la denuncia, signora?"
"Problemi di famiglia. Io e mio marito siamo molto preoccupati per la **salute** di nostro figlio e la salute, si sa, viene prima di tutto."

Achtung! **Ho finito.** = Ich bin fertig. **Sono finito.** = Ich bin am Ende. **Aveva finito:** (er) hatte beendet (=er war fertig).

ditta *f* di giardinaggio	Gartenbaufirma
borsa *f*	Handtasche
biglietto *m* da visita	Visitenkarte
Mi dispiace.	Es tut mir leid.
salute *f*	Gesundheit

3 Una cena tra amici

Grazie alla signora Crivelli, il commissario Volpi è convinto di aver trovato la **pista** giusta.
Dopotutto chi ha un giardino o una grande terrazza nel centro di Roma? Solo famiglie ricche e quindi con **oggetti di valore** in casa. La ditta "Verdeincasa" ha un buon nome. I **clienti** hanno fiducia e non controllano ogni nuovo giardiniere.

pista *f*	*hier*: Spur
dopotutto	schließlich
oggetto *m* di valore	Wertgegenstand
cliente *m/f*	Kunde

Esercizio 7: Contrari. Ordnen Sie jedem Adjektiv sein Gegenteil zu!

1. c ricco	a) piccolo
2. ☐ grande	b) nervoso
3. ☐ giusto	c) povero
4. ☐ tranquillo	d) giovane
5. ☐ vecchio	e) sbagliato

Forse il signor Brocchi è anche simpatico e fa bene il suo lavoro. Solo che **in realtà** lui ha due lavori: quello di giardiniere e quello di ladro.

Il commissario immagina Brocchi al "lavoro". Quando il giardiniere entra per la prima volta in un appartamento, guarda dove possono essere gli oggetti di valore. Se **è fortunato**, non deve cercare: il cellulare è nell'ingresso, l'orologio in bagno, i soldi sul tavolo. Naturalmente Brocchi si fa anche un'idea della famiglia: numero di persone, orari, personale di servizio... Quando si sente finalmente sicuro, il giardiniere ruba una cosa, una cosa sola. Il rischio è minimo (i), perché dopo il furto è quasi impossibile trovare prove contro di lui. Spesso, comunque, non **succede** niente. La famiglia non si accorge del furto oppure dà la **colpa** alla distrazione, al **disordine** o alla **domestica**. In questo **caso** Brocchi sa che può rubare di più.

Dai Crivelli ha fatto così, però **ha scelto** il momento sbagliato. Non sapeva, infatti, che la domestica della famiglia era

in realtà	in Wirklichkeit
essere fortunato	Glück haben
succedere	geschehen
colpa *f*	Schuld
disordine *m*	Unordnung
domestica *f*	Hausangestellte
caso *m*	Fall
scegliere	aussuchen

Neben den regelmäßigen Steigerungsformen hat das Adjektiv **piccolo** (klein) auch unregelmäßige Formen, die aus dem Lateinischen stammen: **più piccolo/minore; il più piccolo/il minore; piccolissimo/minimo.**

malata da più di una settimana. La signora Crivelli, quindi, non ha avuto dubbi sul **colpevole**.
Mentre rilegge la denuncia, Volpi commenta: "Un Rolex da 30.000 euro... niente male!
Brocchi ha certamente dei complici[i] nella ditta, non può aver fatto lui tutti i furti della serie. Adesso comunque siamo sulla buona strada. Finalmente!"

> **Complice** (Komplize) wird im Gegenteil zum Deutschen auf der ersten Silbe betont.

Purtroppo per il commissario, le cose non sono così semplici. Qualche giorno dopo, infatti, arriva da lui il signor Moretti insieme al figlio. A casa loro, ai Parioli, sono stati rubati gli orologi del padre e il cellulare del ragazzo.
"Il brutto è," dice il ragazzo, "che io conosco il ladro."
"Vuoi dire il giardiniere?" domanda Volpi.
"Il giardiniere?! No, uno dei miei amici. Se ci penso, mi viene una **rabbia**..."
"Racconta."
"Ieri sera mamma e papà sono usciti. Io **ho invitato** a cena alcuni **compagni di scuola** e loro hanno portato altra gente. Si parlava di cellulari, io **ho mostrato** a tutti il mio smartphone **appena** comprato... E dopo il cellulare è sparito!"
"Quando te ne sei accorto?"

malato	krank
colpevole *m/f*	Schuldige(r)
purtroppo	leider
rabbia *f*	Wut
invitare	einladen
compagno *m* di scuola	Schulfreund
mostrare	zeigen
appena	gerade erst

"Due ore fa[i], commissario. Ieri sera ero troppo stanco. Sono tornato e sono andato subito a letto."

Il ragazzo guarda il padre e continua a voce più bassa: "Forse avevo bevuto un po'."

"Sei tornato... da dove? Non eri a casa tua?"

> Das Adverb **fa** bedeutet „vor" und wird immer nachgestellt: **una settimana fa** (vor einer Woche), **poco fa** (vor Kurzem).

Il signor Moretti spiega: "Commissario, i fatti sono andati così... Mio figlio ha mostrato agli amici il cellulare prima di cena, poi l'ha lasciato in camera sua. Dopo cena tutti sono rimasti a chiacchierare in cucina. Un'amica è andata via prima, gli altri verso mezzanotte. Mio figlio è uscito con loro e ha accompagnato a casa in moto una delle ragazze. Mia moglie e io siamo tornati all'una. Stamattina ci siamo accorti che il cellulare non c'era più e nemmeno i miei orologi. Chiaramente li ha presi uno dei ragazzi."

voce *f*	Stimme
basso	*hier*: leise
fatto *m*	*hier*: Ereignis; Tat
accompagnare	begleiten
moto *f*	Motorrad
nemmeno	auch nicht, nicht einmal
decidere	beschließen, entscheiden

Volpi non è così sicuro: "Forse tra mezzanotte e l'una è entrato un ladro e i ragazzi non c'entrano niente con il furto."

"Assolutamente no, commissario. Prima di tutto mio figlio ha deciso all'ultimo minuto di accompagnare quella ragazza, nessun ladro poteva saperlo. E poi noi abbiamo una

Esercizio 8: Forma di cortesia. Wie sagt man, wenn man sich siezt? Formulieren Sie die Sätze um!

1. Tu conosci gli amici di tuo figlio?

   Lei conosce gli amici di Suo figlio?

2. A che ora sei tornato?

   ____________________?

3. Eri solo o c'era qualcuno con te?

   ____________________?

4. Hai delle foto dei tuoi orologi?

   ____________________?

serratura a combinazione che non è stata toccata. No, il ladro è uno dei ragazzi."

Il commissario insiste: "Per il cellulare forse è così, ma per gli orologi mi sembra strano. È sicuro, signor Moretti, che anche i Suoi orologi sono stati rubati stanotte? Voglio dire: forse Lei se ne è accorto oggi, ma il furto è stato qualche giorno fa… Lei ha un giardino?"

"Una volta per tutte, commissario: io abito al terzo piano, non ho un giardino e nemmeno un giardiniere. Ma che domande sono queste?"

"Mi scusi, signor Moretti, era solo un'idea, una mia idea… evidentemente sbagliata. Come si chiamano gli amici di Suo figlio?"

Esercizio 9: L'intruso. Welches Wort ist das „schwarze Schaf“? Unterstreichen Sie das Wort, das nicht in die Reihe passt!

1. figlio moglie <u>collega</u> marito
2. idea pensiero visione concerto
3. moto piazza macchina autobus
4. cena pranzo colazione piatto
5. finestra ingresso soggiorno cucina

Moretti prende una lista e legge ad alta voce: “Rosaria Sgarbi, Giulio Gobbi, Isabella Santoro, Sabina Della Bella e Roberto Ippoliti. C'erano anche altri ragazzi, ma su quelli non ho dubbi: mio figlio li conosce da sempre.”

serratura *f* a combinazione	Zahlenschloss
toccare	berühren
sembrare	scheinen
evidentemente	offenbar

Il commissario chiama nel suo ufficio l'ispettore Conti, che indaga con lui sui furti dei Parioli, e gli racconta dell'ultima denuncia.

“Evidentemente,” dice, “non tutti i furti sono della stessa banda. I sospetti su Brocchi rimangono, ma questa volta lui non c'entra. Gli amici del figlio di Moretti hanno tra i sedici e i diciannove anni. Parliamo con loro. Poi sappiamo presto chi ha rubato. O forse hanno rubato tutti insieme... così, per **divertirsi**. Tutto è possibile con certi ragazzi ricchi e **annoiati**."

Gli amici di Moretti, però, non si lasciano **spaventare** facilmente. Oppure non hanno veramente niente da nascondere. L'ispettore Conti è **scoraggiato**: "I ragazzi negano di aver rubato. Li controlliamo da giorni senza risultati. Non possiamo continuare, commissario, ci sono casi più importanti."
"È vero, Conti[i], ma forse qualcuno dei ragazzi **farà** un **passo falso**, io ci **spero** ancora. Isabella Santoro, per esempio, vede spesso uno di Tor Bella Monaca[i]. Non è strano? Sono sicuro che i genitori non lo sanno."
"Isabella ama un ragazzo, ai genitori quello non piace e lei lo incontra di nascosto. Che cosa c'è di strano? O forse il problema è che il ragazzo abita in un quartiere con una brutta **reputazione**?"
"Un po' sì. E poi: lo hai visto? Non ti sembra molto più grande[i] di lei? Questo amore tra due ragazzi così diversi per età e per ambiente non mi convince. La Santoro alle feste va sempre con l'amica, mai con il ragazzo. Alle feste i genitori non ci sono. Per quale motivo il ragazzo di Isa-

> Es kann in Italien durchaus vorkommen, dass man sich beim Nachnamen nennt, sich dann aber weiterhin duzt.

> **Tor Bella Monaca** ist ein Viertel am östlichen Stadtrand von Rom mit einer zum Teil problematischen Sozialstruktur.

> Das Adjektiv **grande** bedeutet „groß, weit, hoch", aber auch „alt, erwachsen".

bella non **si fa** mai **vedere**? Una compagna di scuola – Sabina, mi sembra – ha detto che Isabella ultimamente è un po' **misteriosa**."

"Ma sono **gelosie** tra ragazze, commissario!"

"Forse, però io voglio **vederci chiaro**. Prima i domestici, poi Brocchi, adesso gli amici di Moretti… Tutte le volte pensiamo di sapere chi ruba e invece il ladro si **prende gioco di** noi. Ora basta! Ho letto su Facebook che sabato sera Isabella è invitata a una **festa di compleanno** nel quartiere dei Parioli. Voglio vedere se questa volta viene anche il suo ragazzo."

divertirsi	sich amüsieren, Spaß haben
annoiato	gelangweilt
spaventare	*hier*: abschrecken; erschrecken
scoraggiato	entmutigt
farà (fare)	(er) wird machen
passo *m* falso	Fehltritt
sperare	hoffen
reputazione *f*	Ruf
farsi vedere	sich blicken lassen
misterioso	geheimnisvoll
gelosia *f*	*hier*: Eifersüchtelei
vederci chiaro	(etw.) durchschauen
prendersi gioco di qu.	jmd. zum Narren halten
festa *f* di compleanno	Geburtstagsparty

4 Il cielo di Roma

È sabato sera. Volpi e Conti **parcheggiano** vicino al **palazzo** dove c'è la festa di compleanno. Da lì controllano il **portone**.

Naturalmente non sono con l'auto della polizia, ma con quella privata del commissario.

Isabella Santoro arriva alle nove e mezzo. Insieme a lei non c'è nessuno.

Volpi la vede, ma non riparte.

"Andiamo?" gli chiede dopo un po' l'ispettore. "È chiaro che il ragazzo della Santoro non viene."

"No, aspettiamo la fine della festa."

"E perché?"

"Te l'ho detto: Isabella e il suo ragazzo non mi convincono. La signora Crivelli in commissariato aveva parlato di un figlio. La signora è sui cinquant'anni, quindi suo figlio ha più o meno l'età del figlio di Moretti. Due ragazzi della stessa età e dello stesso quartiere hanno forse anche gli stessi amici..."

"E allora? Mi dispiace, commissario, ma non capisco." chiede Conti.

cielo *m*	Himmel
parcheggiare	parken
palazzo *m*	*hier*: Wohnhaus
portone *m*	Tor

"Isabella era (i) a casa di Moretti quando c'è stato il furto. Forse è stata anche a casa dei Crivelli, se è amica del figlio."

"Ma dai Crivelli ha rubato il giardiniere, no?"

"Per ora non abbiamo prove, Conti... Comunque ieri ho fatto delle telefonate ed è proprio così."

"Così... come?"

"Alessandro Crivelli conosce veramente Isabella Santoro. Non so se questo significa qualcosa, ma per me facciamo bene ad aspettare."

"Allora abbiamo tempo... tanto tempo."

Das **Imperfekt** von **essere** ist unregelmäßig, ansonsten gibt es im Imperfekt wenige Ausnahmen. Bei den Verben auf **-are** werden -avo, -avi, -ava, -avamo, -avate, -avano an den Verbstamm angehängt. An die Verben mit Endung **-ere**: -evo, -evi, -eva, -evamo, -evate, -evano; an die mit Endung **-ire**: -ivo, -ivi, -iva, -ivamo, -ivate, -ivano.

significare	bedeuten
angolo *m*	Ecke
deserto	menschenleer
alla guida	am Steuer
togliersi	abnehmen
casco *m*	Helm

La festa finisce verso le quattro del mattino. Per ultima lascia il palazzo Rosaria Sgarbi insieme con un ragazzo. Mano nella mano, i due spariscono dietro l'angolo e la strada torna deserta.

Esercizio 10: Frasi in disordine. Lesen Sie weiter und bringen Sie die Sätze in die richtige Reihenfolge!

a) "È il ragazzo della Santoro!" dice l'ispettore, subito sveglio.

b) L'uomo alla guida si toglie il casco per telefonare.

c) "Non mi sembra."

d) "Quello era il ragazzo del compleanno," dice Volpi, "ho visto la sua foto su Facebook. Ma Isabella dov'è?"

e) In quel momento una moto **si ferma** lì vicino.

f) La voce di Conti è un po' **insonnolita**: "Non era con il gruppo che è andato via prima?"

1	2	3	4	5	6
d					

Nel palazzo, intanto, qualcuno ha aperto il portone dall'interno. L'uomo entra e dieci minuti dopo è di nuovo in strada insieme a Isabella. Lei ha una busta di plastica in mano, lui un laptop sotto il braccio.

I poliziotti li stanno aspettando. Quando Volpi gli fa capire chi è, Lucio lascia subito il laptop e tira Isabella per il braccio. La ragazza però non si muove e lui scappa da solo. Isabella, bianca in viso, lo segue con gli occhi. Il com-

fermarsi	anhalten
insonnolito	schläfrig, verschlafen
intanto	unterdessen, derweil
dall'interno	von innen
busta *f* di plastica	Plastiktüte
braccio *m*	Arm
tirare	ziehen
scappare	weglaufen, fliehen

missario le prende la busta e lei lo lascia fare. Dentro ci sono gioielli e banconote[i].
Conti, intanto, raggiunge Lucio e lo riporta indietro.
"Non firmare niente," dice il ragazzo a Isabella, "hai capito?"
Isabella fa segno di sì con la testa. Si vede che sta per piangere.
Poi i poliziotti portano tutti e due in commissariato.

> **Zusammengesetzte Substantive** werden im Plural meist wie normale Substantive dekliniert, d.h. nur der zweite Teil des Substantivs ändert sich: **la banconota** (Geldschein) , **le banconote.** Aber: Bei der Zusammensetzung Substantiv + Adjektiv werden beide Teile verändert: **la cassaforte** (Tresor), **le casseforti.** Besteht das Substantiv aus zwei getrennt geschriebenen Teilen, so wird nur der erste Teil dekliniert: **il vagone ristorante** (Speisewagen), **i vagoni ristorante.**

Più tardi Isabella è sola nell'ufficio di Volpi.
Il commissario ha trovato le parole giuste e lei ha detto subito la verità: i ladri dei Parioli, quelli che la polizia cerca da settimane, sono tre: lei, Rosaria e Lucio.
Lucio ha avuto un'idea semplice, ma perfetta, per entrare nelle case con i sistemi antifurto.
"Ho capito bene?" chiede Volpi a Isabella, "Tu e Rosaria siete amiche di ragazzi ricchi. Quando c'era una festa a casa loro, ci andavate insieme. Poi una di voi, con una scusa, diceva che doveva

gioiello *m*	Schmuckstück
raggiungere	erreichen
firmare	unterschreiben
fare segno di sì	zustimmend nicken
piangere	weinen
verità *f*	Wahrheit
scusa *f*	*hier*: Ausrede

andare via subito. In realtà, invece, si nascondeva in casa. Alla fine della serata l'amica convinceva il padrone di casa a uscire con lei. Quella che era nascosta prendeva le cose di valore e scappava in moto con Lucio. Lui, poi, vendeva la refurtiva... Avete rubato così anche dai Crivelli?"

"Sì[i], i genitori di Alessandro erano via e lui ha festeggiato con gli amici invece di studiare. Ai genitori naturalmente non ha mai detto niente... quelli lo stressano troppo."

> Verwechseln Sie **si** (man) nicht mit **sì** (ja)!

"Ma veramente nessuno dei tuoi...'amici' si è mai accorto di niente?" vuole sapere Volpi.

Dopo la paura e la vergogna dell'inizio, Isabella sembra quasi contenta di rispondere alle sue domande.

refurtiva *f*	Diebesgut
festeggiare	feiern
paura *f*	Angst
vergogna *f*	Scham
facevamo (fare)	(wir) machten
riscaldarsi	sich erhitzen
padrone *m* di casa	Hausherr
rendersi conto (di qc.)	sich (einer Sache) bewusst werden

"Io e Rosaria," spiega, "non facevamo niente se la casa non era abbastanza grande o se c'erano i genitori. Poi è importante aspettare il momento giusto."

"Cioè?"

"Il momento giusto per nascondersi è quando la gente ha bevuto un po' e l'atmosfera si è riscaldata. A quel punto tutti pensano solo a divertirsi."

"Dopo la festa, però, bisogna convincere il figlio dei padroni di casa a uscire..."

"Non è difficile, commissario. Una volta dici a lui che hai paura di tornare a casa da sola, un'altra volta convinci tutto il gruppo a prendere un gelato in un bar aperto tutta la notte... Basta un po' di fantasia."

Volpi non sorride.

"Isabella," dice, "tu adesso sei nei guai, lo capisci? Mi spieghi come sei finita su questa strada? Hai problemi in famiglia oppure a scuola? Ti droghi?"

La ragazza non dice nulla per un po'.

Alla fine risponde: "Il problema, commissario, sono i miei genitori. Loro mi danno tanto, ma si aspettano anche tanto da me. Forse non se ne rendono nemmeno conto, ma è così. E io, per anni, ho fatto quello che volevano loro. Ma questa è la mia vita! Con Lucio finalmente ho capito che devo decidere io quello che va bene per me."

> Das Wort **guaio** (il guaio/i guai) bedeutet so viel wie „Ärger, Schlamassel". Es kommt meist im Plural in umgangssprachlichen Ausdrücken vor:
> **essere nei guai**
> = in der Patsche sitzen
> **combinare guai**
> = etwas anstellen
> **cercare guai**
> = Streit/Ärger suchen.

"Ma hai solo diciannove anni, ragazza mia! Invece dei tuoi genitori hai seguito un'altra persona che ti ha portato sulla cattiva strada."

"Vuole dire Lucio, commissario? Non è vero: abbiamo deciso insieme di rubare. C'è chi ha troppo e chi non ha niente e questo non è giusto."

"E rubare ti sembra giusto?"

"Naturalmente no, ma noi lo facciamo solo nelle case dei ricchi."

"Come Robin Hood, vero? Ma di chi sono queste idee? Tue o di Lucio? Non hai pensato al tuo futuro?"
Isabella risponde: "Non c'era alternativa: dove trovavamo i soldi per aprire il locale di Lucio? Lui lavora dove e quando può, ma i soldi non gli bastano per vivere. Che altro potevamo fare?"
"Ah, il tuo ragazzo vuole aprire un locale?"
"Sì: un piccolo ristorante, vuole chiamarlo 'Il cielo di Roma'. Lucio ha già lavorato in un bar e ha un amico che cucina benissimo."
"E tu?"
"Io dovevo andare ad abitare con Lucio."
"Per fare la **cameriera** al ristorante?"
"No, per studiare medicina… ma con l'aiuto del mio ragazzo, non dei miei genitori. Come vede, commissario, Lucio pensa anche al mio futuro. La nostra idea era di rubare solo per qualche mese, fino ad avere i soldi per il ristorante."

cameriera *f*	Kellnerin
riscaldarsi	sich erhitzen
padrone *m* di casa	Hausherr
rendersi conto (di qc.)	sich (einer Sache) bewusst werden
ϟ sfigurare	sich blamieren
di marca	Marken-
sciare	Ski fahren
fuori	*hier*: außen vor
sarà (essere)	(es) wird sein
maggiorenne *m/f*	Volljährige(r)
avvocato *m*	Rechtsanwalt
colorarsi	sich färben

"Evidentemente però il tuo ragazzo si muove bene in certi ambienti, sapeva a chi vendere la refurtiva. Lo aiutava forse il suo amico?"
"Questo lo deve chiedere a lui."

"Va bene," continua Volpi. "E Rosaria Sgarbi? Perché rubava con voi due?"
"Rosaria è la mia migliore amica, le ho sempre detto tutto. La sua famiglia non è ricca. Lei quindi rubava per… beh: per non sfigurare. Tutte le ragazze del gruppo hanno borse e abiti di marca, d'inverno si va insieme a sciare, d'estate al mare. Se non hai i soldi, sei subito fuori."
"Isabella," dice il commissario, "dobbiamo chiamare i tuoi genitori. Per loro sarà un bello shock."
La ragazza protesta: "Ma io sono maggiorenne! Mamma e papà non capiscono mai niente!"
Volpi insiste: "Senti, adesso hai bisogno dell'aiuto di un avvocato e dei tuoi genitori. Quello che è successo li farà pensare, sono sicuro. Capiranno che anche loro hanno fatto degli errori."
Il commissario prende il telefono.
Fuori dalla finestra il cielo di Roma si colora di rosa.

Test finale

Soluzioni

Glossario

Indice degli esercizi

Test finale

Esercizio 1: Articoli e plurale. Ergänzen Sie den bestimmten Artikel und bilden Sie den Plural!

1. *il* cancello *i cancelli*
2. _____ problema _______________
3. _____ medico _______________
4. _____ infermiere _______________
5. _____ esame _______________

Esercizio 2: Passato Prossimo. Unterstreichen Sie die korrekte Variante!

1. Cristina ha incontrata / ha incontrato l'amica in un caffè.
2. Silvia è uscita / ha uscito in giardino.
3. L'infermiera ha fumato / ha fumata una sigaretta.
4. Blasi non si è accorto / si ha accorto di nulla.

Esercizio 3: Aggettivi. Ergänzen Sie die richtige Endung der Adjektive!

1. uno spettacolo important_e_
2. dei gioielli prezios__
3. della gente simpatic__
4. un momento difficil__

Esercizio 4: Essere o avere? Ergänzen Sie das richtige Hilfsverb!

1. I signori Rinaldi _hanno_ dimenticato i biglietti.
2. Ramona _______ tornata a Roma per Natale.
3. Le due amiche _______ andate a una festa.
4. Aurora _______ telefonato al commissario.

Esercizio 5: Interrogativi. Ergänzen Sie das richtige Fragewort!

1. _Che cosa_ fate la sera di Natale? Niente di speciale.
2. __________ comincia lo spettacolo? Alle nove.
3. __________ si sente Aurora oggi? Si sente male.
4. __________ balla Aurora? Al Teatro dell'Opera.

Esercizio 6: Preposizioni. **Ergänzen Sie die fehlenden Präpositionen, wo nötig mit Artikel!**

1. I Moretti vanno *dal* commissario per fare una denuncia _____ furto.
2. Il loro appartamento è _____ terzo piano.
3. _____ porta non ci sono segni _____ scasso.
4. Gli orologi erano _____ un cassetto.
5. Forse i ladri sono persone _____ servizio.
6. Il commissario sta indagando _____ una serie _____ furti.

Esercizio 7: Traduzione. **Ordnen Sie jedem Verb die richtige Übersetzung zu!**

1. *d*	aufpassen	**a)** convincere
2. ☐	verstecken	**b)** dispiacere
3. ☐	leidtun	**c)** avere bisogno
4. ☐	überzeugen	**d)** fare attenzione
5. ☐	brauchen	**e)** nascondere

Soluzioni

Dieci minuti per morire

Esercizio 1: **1.** sono **2.** hanno **3.** va **4.** fanno **5.** aiuta

Esercizio 2: **1.** uno, primo **2.** tre, terzo **3.** sei, sesto **4.** dieci, decimo **5.** venti, ventesimo

Esercizio 3: **1.** b **2.** e **3.** c **4.** a **5.** d

Esercizio 4: **1.** al **2.** con **3.** nella **4.** della **5.** dal

Esercizio 5: **1.** vero **2.** falso (Erano due infermieri.) **3.** falso (Gli uomini non hanno parlato.) **4.** falso (Silvia non ha fatto resistenza.) **5.** vero

Esercizio 6: **waagerecht:** andare, sapere, stare

senkrecht: essere, dire, potere

io:	sono	dico	posso	vado	so	sto
tu:	sei	dici	puoi	vai	sai	stai
lui/lei/ Lei:	è	dice	può	va	sa	sta
noi:	siamo	diciamo	possiamo	andiamo	sappiamo	stiamo
voi:	siete	dite	potete	andate	sapete	state
loro/ Loro:	sono	dicono	possono	vanno	sanno	stanno

Esercizio 7: **1.** Emilio **2.** macchina **3.** ospedale **4.** ripostiglio **5.** infermieri

Lösung: LANDOLFI

Esercizio 8: **1.** ha detto **2.** ha lavorato **3.** è sembrata **4.** è andato **5.** hanno dimenticato

Esercizio 9: **1.** sicuramente **2.** tristemente **3.** naturalmente **4.** diversamente **5.** bene

Esercizio 10: **1.** E c'è anche una traccia importante. **2.** ... qual è il numero di scarpe di Sua sorella? **3.** Ma io ero nel sotterraneo, hanno fatto tutto... **4.** Guarda la porta chiusa sul corridoio e di nuovo il commissario.

Esercizio 11: **1.** piano **2.** stanza **3.** viaggio **4.** appuntamento **5.** amica

Un piano quasi perfetto

Esercizio 1: **1.** la **2.** lo **3.** il **4.** gli **5.** i **6.** il

Esercizio 2: **1.** nel **2.** a **3.** sul **4.** Fra/Tra

Esercizio 3: **1.** guarda **2.** torna **3.** Sono **4.** dice **5.** chiamo

Esercizio 4: **1.** deve **2.** Possiamo **3.** vuole **4.** vogliono

Esercizio 5: **1.** campanello **2.** serratura **3.** calmante **4.** risposta
Lösung: PORTA

Esercizio 6: **1.** le **2.** le **3.** la **4.** le

Esercizio 7: **1.** Sono le dieci e tredici. **2.** È mezzogiorno e dieci./Sono le dodici e dieci. **3.** Sono le otto e un quarto/quindici. **4.** È l'una e mezzo/a./Sono le tredici e trenta.

Esercizio 8: **1.** Serena è un'amica di Aurora. **2.** Perché la vuole invitare a una festa. **3.** I due studiano alla stessa facoltà. **4.** Lo compra Serena.

Esercizio 9: **1.** Il commissario Bonetti la conosce. **2.** Il commissario Bonetti le telefona. **3.** Il commissario Bonetti lo va a trovare/va a trovarlo. **4.** Aurora la sveglia.

Esercizio 10: **1.** fatto **2.** ucciso **3.** stato **4.** parlato

Sulla cattiva strada

Esercizio 1: **1.** sue **2.** suoi **3.** sua **4.** suo **5.** loro

Esercizio 2: **1.** preso **2.** letto, risposto **3.** convinto **4.** rimasto

Esercizio 3: **1.** insieme **2.** interessante **3.** ragazzo **4.** genitori **5.** importante

Esercizio 4: **1.** vero **2.** falso (Il tablet era in soggiorno.) **3.** falso (È partita con il marito.) **4.** vero **5.** vero

Esercizio 5: **1.** dell' **2.** della **3.** da **4.** nel **5.** dalla

Esercizio 6: **1.** questi, questo **2.** quella **3.** quest' **4.** quello

Esercizio 7: **1.** c **2.** a **3.** e **4.** b **5.** d

Esercizio 8: **1.** Lei conosce gli amici di Suo figlio?

2. A che ora è tornato?

3. Era solo o c'era qualcuno con Lei?

4. Ha delle foto dei Suoi orologi?

Esercizio 9: **1.** collega **2.** concerto **3.** piazza **4.** piatto **5.** finestra

Esercizio 10: **1.** d **2.** f **3.** c **4.** e **5.** b **6.** a

Test finale

Esercizio 1: **1.** il, i cancelli **2.** il, i problemi **3.** il, i medici **4.** l', gli infermieri **5.** l', gli esami

Esercizio 2: **1.** ha incontrato **2.** è uscita **3.** ha fumato **4.** si è accorto

Esercizio 3: **1.** importante **2.** preziosi **3.** simpatica **4.** difficile

Esercizio 4: **1.** hanno **2.** è **3.** sono **4.** ha

Esercizio 5: **1.** Che cosa **2.** Quando/A che ora **3.** Come **4.** Dove

Esercizio 6: **1.** dal, di **2.** al **3.** Sulla, di **4.** in, **5.** di, **6.** su, di

Esercizio 7: **1.** d **2.** e **3.** b **4.** a **5.** c

Glossario

ϟ = umgangssprachlich
f = feminin
m = maskulin
pl = Plural
irr = unregelmäßiges Verb

a proposito	übrigens, apropos
a tutto volume	in voller Lautstärke
abbracciare	umarmen
abito *m*	Kleidung
accendere *irr*	anmachen
accettare	akzeptieren
accompagnare	begleiten
accorgersi *irr* di qc.	etw. (be)merken
addominoplastica *f*	Bauchdeckenstraffung
adorare	*hier*: lieben
adulto/a *m/f*	Erwachsene(r)
affitto *m*	Miete
aggiungere *irr*	hinzufügen
alla guida	am Steuer
almeno	wenigstens
altezza *f*	*hier*: Körpergröße
altrimenti	*hier*: sonst
alzare le spalle	mit den Schultern zucken
alzare	heben
amante *m/f*	Liebhaber(in)
ambiente *m*	*hier*: Umgebung
ambulatorio *m*, ambulatori *pl*	Arztpraxis
amicizia *f*	Freundschaft
andare *irr* storto	schiefgehen
andare *irr* su e giù	auf und ab laufen
anello *m*	Ring
angolo *m*	Ecke
ϟ anima e corpo	Leib und Seele

annoiato	gelangweilt
appena	*hier*: gerade noch; gerade erst
appuntamento *m*	Verabredung, Termin
appunto	eben
arma *f*	Waffe
arrabbiato	verärgert, wütend
arrangiarsi	zurechtkommen, sich behelfen
asfissia *f*	Erstickung
assassino/a *m/f*	Mörder(in)
assistenza *f*	Betreuung; Hilfe
attimo *m*	Augenblick
autista *m/f*	Fahrer(in)
Avanti!	Herein!
avere *irr* bisogno di	brauchen
avere *irr* paura	Angst haben
avere *irr* ragione	recht haben
aveva (avere *irr*)	(er) hatte
aveva (avere *irr*) messa	*hier*: (sie) hatte (sie) sich angelegt
avrai (avere *irr*)	du wirst haben
avventura *f*	Abenteuer
avvertire	benachrichtigen
avvocato *m*	Rechtsanwalt
bacio *m*, baci *pl*	Kuss
banca *f* dati	Datenbank
basso	*hier*: leise; klein, niedrig, schwach
bastare	(aus)reichen, genügen
biglietto *m* da visita	Visitenkarte
bisnonno/a *m/f*	Urgroßvater, -mutter
bocca *f*	Mund
borsa *f*	Handtasche
braccio *m*, braccia *f pl*	Arm
breve	kurz
bugia *f*	Lüge
bussare	(an)klopfen
busta *f* di plastica	Plastiktüte
busta *f*	*hier*: Umschlag
calmante *m*	Beruhigungsmittel
cameriere/a *m/f*	Kellner(in)
camminare	gehen, laufen
campanello *m*	Klingel
cancello *m*	(Gitter)Tor
capo *m*	Chef
caro	*hier*: lieb; teuer
cartella *f*	(Akten)Mappe

casco *m*	Helm
caso *m*	Fall
cassaforte *f*	Tresor, Safe
cassetto *m*	Schublade
catena *f*	Kette
cellulare *m*	Handy
Cenacolo *m*	Abendmahl (Gemälde)
cercare	suchen
cervello *m*	*hier*: Verstand; Gehirn
chattare	chatten
chiacchierare	plaudern
chiave *f*	Schlüssel
chissà	wer weiß
Ci siamo vicini.	Wir sind nah dran.
ci	daran
cielo *m*	Himmel
ciliegia *f*	Kirsche
cliente *m/f*	Kunde
coincidenza *f*	Zufall
collaborare	zusammenarbeiten
collana *f*	Halskette
colle *m*	Hügel
colorarsi	sich färben
colpa *f*	Schuld
colpevole *m/f*	Täter(in), Schuldige(r)
colpire	schlagen
come dal niente	wie aus dem Nichts
commento *m*	*hier*: Bemerkung, Kommentar
compagno/a *m* di scuola	Schulkamerad(in), Schulfreund(in)
compito *m* in classe	Schulaufgabe
comportamento *m*	Benehmen
comunque	wie auch immer
confermare	bestätigen
confuso	verwirrt
contare su qc.	*hier*: auf etw. setzen
contare	zählen
contrattempo *m*	Zwischenfall
convincere *irr*	überzeugen
coppia *f*	Paar
coprirsi *irr*	sich decken
correre *irr*	rennen, eilen
coscienza *f*	Gewissen
crescere *irr*	*hier*: aufwachsen
curioso	neugierig

cuscino *m*	Kissen
dall'interno	von innen
danza *f* classica	Ballett
dappertutto	überall
dare *irr* un'occhiata a	einen kurzen Blick werfen auf
debito *m*	Schuld(en)
debole	schwach
decidere *irr*	beschließen, entscheiden
degno	würdig, ebenbürtig
delitto *m*	Verbrechen
denuncia *f*, denunce *f pl*	Anzeige
deserto	menschenleer
desiderare	wünschen
dettaglio *m*, dettagli *pl*	Detail
di corsa	rasch
di marca	Marken-
di nascosto	heimlich
di pietra	versteinert
dimenticare	vergessen
Dio mio!	Oh mein Gott!
dipendere da qc./qu.	von jmd./etw. abhängen von
dirà (dire *irr*)	(er/sie/es) wird sagen
discutere *irr*	diskutieren
disoccupato	arbeitslos
disordine *m*	Unordnung
dispiaciuto	traurig
distratto	zerstreut, unaufmerksam
distrazione *f*	*hier*: Zerstreutheit
disturbare	stören
ditta *f* di giardinaggio	Gartenbaufirma
ditta *f*	Firma
divertimento *m*	Spaß, Vergnügen
divertirsi	sich amüsieren, Spaß haben
divorziare	sich scheiden lassen
divorzio *m*, divorzi *pl*	Scheidung
domestica *f*	Hausangestellte
dopotutto	schließlich
dubbio *m*, dubbi *pl*	Zweifel
durare	dauern
↯ È dura.	Es ist hart.
eccitato	aufgeregt
(gli studi di) Economia e commercio	Volkswirtschaftslehre
effetto *m* sorpresa	Überraschungseffekt

emozionato	aufgeregt
⚡ entrarci con qc.	mit etw. zu tun haben
era (essere *irr*)	(er/sie/es) war
esagerare	übertreiben
esame *m* di maturità	Abiturprüfung
esame *m*	*hier*: Untersuchung
esperienza *f*	Erfahrung
⚡ essere *irr* a posto	*hier*: keine Probleme mehr haben
essere *irr* bloccato	feststecken
essere *irr* fortunato	Glück haben
essere *irr* vivo	am Leben sein
est *m*	Osten
estraneo	fremd
età *f*	Alter
evidentemente	offenbar
evitare qu.	jmd. meiden
facevamo (fare *irr*)	(wir) machten
fallimento *m*	Konkurs
fame *f*	Hunger
fantasma *m*, fantasmi *pl*	Gespenst
farà (fare *irr*)	(er) wird machen
fare *irr* del male a qn.	jmd. etw. zuleid tun
fare *irr* di testa propria ⚡	seinen Kopf durchsetzen
fare *irr* presto	sich beeilen
fare *irr* resistenza	Widerstand leisten
fare *irr* segno di sì	zustimmend nicken
fare *irr* tardi	sich verspäten
fare *irr*	machen, tun
⚡ farsi *irr* gli affari propri	sich um die eigenen Angelegenheiten kümmern
farsi *irr* vedere	sich blicken lassen
fatto *m*	*hier*: Ereignis; Tat, Tatsache
fedele	treu
fermarsi	stehen bleiben, anhalten
fermata *f* dell'autobus	(Bus)Haltestelle
festa *f* di compleanno	Geburtstagsparty
festeggiare	feiern
festeggiato/a *m/f*	*hier*: Geburtstagskind
fine *m* settimana	Wochenende
firmare	unterschreiben
fiume *m*	Fluss
fondare	gründen
fumare	rauchen
fuori	*hier*: außen vor
furto *m*	Diebstahl

gelosia *f*	*hier*: Eifersüchtelei; Eifersucht
generico	*hier*: vage
generoso	großzügig
genitori *m/pl*	Eltern
giardiniere/a *m/f*	Gärtner(in)
giardino *m*	Garten
gioco *m*, giochi *pl*	Spiel
gioiello *m*	Schmuckstück
girare	*hier*: herumgehen
giro *m* di droga	Drogenring
ϟ giro *m* grosso	großer Kreis
giro *m*	Runde
godersi *irr*	genießen
gridare (aiuto)	(um Hilfe) rufen
guadagnare	verdienen
guanto *m*	Handschuh
ϟ guarda caso	was für ein Zufall
guardarsi intorno	sich umsehen
ϟ il vino gli va di traverso	er verschluckt sich am Wein
imbavagliato	geknebelt
immaginarsi	sich vorstellen
impegnato	*hier*: vergeben
imprenditore, -trice *m/f*	Unternehmer(in)
impresentabile	nicht vorzeigbar
impressione *f*	Eindruck
impronta *f* digitale	Fingerabdruck
impronta *f*	Abdruck
improvvisamente	plötzlich
in anticipo	frühzeitig
in confronto (a)	im Vergleich (mit)
in effetti	in der Tat
in fretta	in Eile
in ogni caso	auf jeden Fall
in realtà	in Wirklichkeit
incertezza *f*	*hier*: Unsicherheit, Ungewissheit
incubo *m*	Albtraum
indagare	ermitteln
indagine *f*	Ermittlung
indecisione *f*	Unentschlossenheit
indeciso	unentschlossen, ratlos
indicare qc.	auf etw. zeigen
indipendente	selbstständig, unabhängig
infatti	in der Tat
infermiere/a *m/f*	Krankenpfleger, Krankenschwester

ingresso *m* (principale)	(Haupt)Eingang; Diele
inquilino/a *m/f*	Hausbewohner(in)
insistere *irr*	*hier*: drängen; beharren, nachhaken
insonnolito	schläfrig
intanto	in der Zwischenzeit, unterdessen, derweil
interno *m*	*hier*: Wohnungsnummer
interrompersi *irr*	sich unterbrechen
intervento *m*	Eingriff
invece	dagegen
invidiare	beneiden
invitare	einladen
ipotesi *f*	Vermutung
irritabile	reizbar
lacrima *f*	Träne
ladro *m*	Dieb
lasciare qu.	*hier*: mit jmd. Schluss machen
lassù	da oben
lato *m*	Seite
legato	*hier*: gefesselt
liberarsi	sich befreien
litigare	(sich) streiten
lotta *f*	Kampf
lottare	kämpfen
maggiorenne *m/f*	Volljährige(r)
magro	dünn
mal *m* di testa	Kopfweh
malato	krank
Maledizione!	Verflucht!
mancare	fehlen
mancia *f*, mance *pl*	Trinkgeld
matto/a *m/f*	Verrückte(r)
medico *m* legale	Gerichtsmediziner
mentire	lügen
ϟ mettere *irr* la testa a posto	*hier*: vernünftig werden
Mi dispiace.	Es tut mir leid.
Mi gira la testa.	Mir ist schwindelig.
minacciare	drohen
misterioso	geheimnisvoll
modesto	bescheiden
morto	tot
mostrare	zeigen
moto *f*	Motorrad
motorino *m*	Mofa, Moped
movente *m*	Motiv

muro *m*	Wand
nascere *irr*	*hier*: entstehen
nascondere *irr*	geheim halten, verbergen, verheimlichen
negare	abstreiten, verneinen
negherà (negare)	(er/sie) wird verneinen
nemmeno	auch nicht, nicht einmal
noia *f*	Langeweile
noioso	*hier*: lästig; langweilig
ϟ non avere *irr* un capello fuori posto	perfekt gestylt sein
non avrei parlato	(ich) würde nicht sprechen
ϟ Non è il mio forte.	Das ist nicht meine Stärke.
non m'importa niente di qc.	etw. ist mir egal
ϟ Non mi va.	Ich habe keine Lust darauf.
notizia *f*	Nachricht
novità *f*	Neuigkeit
obiettivo *m*	Ziel
occupato	besetzt
oggetto *m* di valore	Wertgegenstand
ombra *f*	Schatten
onestà *f*	Ehrlichkeit
onestamente	ehrlich
opera *f*	Werk
ora	nun
ormai	nun; schon, bereits
ospedale *m*	Krankenhaus
Ottocento *m*	19. Jahrhundert
padrone/a *m/f* di casa	Hausherr(in)
palazzo *m* (signorile)	(vornehmes) Wohnhaus
pallido	blass
paralizzato	gelähmt
parcheggiare	parken
parente *m/f*	Verwandte(r)
parete *f*	Wand
parte *f*	*hier*: Rolle; Seite
passamontagna *m*	Sturmhaube
passerà (passare)	*hier*: (er/sie) wird verbringen
passione *f*	Leidenschaft
passo *m* falso	Fehltritt
passo *m*	Schritt
paura *f*	Angst
pensiero *m*	Gedanke
per caso	zufällig
per conto di	im Auftrag von

per fortuna	zum Glück
peraltro	im Übrigen
perdere *irr* (i sensi)	(das Bewusstsein) verlieren
perdonare	verzeihen, vergeben
pericoloso	gefährlich
permettere *irr*	erlauben, gestatten
persona *f* di servizio	Hausangestellte(r)
pesante	schwer
pettegolo	geschwätzig
piangere *irr*	weinen
piano	leise; langsam
piano *m*	Stockwerk; Plan
pista *f*	*hier*: Spur
polacco	polnisch
portone *m*	Tor, Haupteingang
povero	arm
precauzione *f*	Vorsicht
pregare	*hier*: bitten
premuroso	aufmerksam, zuvorkommend
prendere *irr* in giro qu.	sich über jmd. lustig machen
prendere *irr* le distanze da qu./qc.	sich von jmd./etw. distanzieren
prendersi *irr* gioco di qu.	jmd. zum Narren halten
preoccupato	besorgt
preparare	vorbereiten
prezioso	wertvoll
prima *f*	Erstaufführung
probabilmente	wahrscheinlich
professionista *m/f*	Profi
proporre *irr*	vorschlagen
proseguire	*hier*: weiterfahren
prova *f*	*hier*: Beweis; Probe
purtroppo	leider
quartiere *m* (residenziale)	Wohnviertel
rabbia *f*	Wut
raccogliere *irr*	sammeln
raccontare	erzählen
ragazzo/a *m/f*	*hier*: Freund(in), Verlobte(r)
raggiungere *irr*	erreichen
rauco	rau, heiser
refurtiva *f*	Diebesgut
regalo *m*	Geschenk
regina *f*	Königin
registrazione *f*	*hier*: Aufnahme

rendersi *irr* conto (di qc.)	sich (einer Sache) bewusst werden
reparto *m*	Abteilung
reputazione *f*	Ruf
residente *m/f*	Anwohner(in)
respirare	atmen
restituire	*hier*: zurückzahlen
retro *m*	hinterer Teil, Rückseite
ricerca *f*, ricerche *pl*	*hier*: Recherche
ricezione *f*	Empfang
riconoscere	einsehen, zugeben; wiedererkennen
ricordarsi di/ricordare qu./qc.	sich an jmd./etw. erinnern
ricovero *m* notturno	Unterbringung über Nacht
ridere *irr*	lachen
rilassato	entspannt
rimanere *irr*	bleiben
ripostiglio *m*, ripostigli *pl*	Abstellkammer
ripresa *f*	*hier*: Videoaufnahme
riscaldarsi	sich erhitzen
risolvere *irr*	lösen
risultato *m*	Ergebnis
ritocco *m*	(Schönheits)Korrektur
riuscire *irr*	gelingen
rovinarsi la vita	sich das Leben kaputt machen
rubare	stehlen
rumore *m*	Geräusch
salute *f*	Gesundheit
salvare	retten
sangue *m*	Blut
sarà (essere *irr*)	(es) wird sein
sbruffone/a *m/f*	Angeber(in)
scala *f*	Treppe
scappare	weglaufen, fliehen
scasso *m*	Einbruch
scegliere *irr*	aussuchen
sciare	Ski fahren
(polizia *f*) scientifica	Spurensicherung, Erkennungsdienst
sconosciuto	unbekannt
scoraggiato	entmutigt
scusa *f*	*hier*: Ausrede; Entschuldigung
ϟ secchione/a *m/f*	Streber(in)
segno *m* di forzatura	Einbruchspur
segreto *m*	Geheimnis
sembrare	scheinen
sensazione *f*	Gefühl

separato	getrennt
serio	ernst
serratura *f* (a combinazione)	(Zahlen)Schloss
ϟ sfigurare	sich blamieren
si chiamava (chiamarsi)	(sie) hieß
sicuro di sé	selbstsicher
significare	bedeuten
signora *f* delle pulizie	Putzfrau
sincero	ehrlich
sistema *m* antifurto	Diebstahlsicherung
sito *m*	Internetseite
smettere *irr*	aufhören
soffocare	ersticken
sofisticato	hochentwickelt
solito	üblich, gewohnt
sollievo *m*	Erleichterung
sorridere *irr*	lächeln
sorriso *m*	Lächeln
sospetto *m*	Verdacht
sospirare	seufzen
sotterraneo *m*	Untergeschoss, Keller
sparecchiare (la tavola)	(den Tisch) abdecken
sparire	verschwinden
spaventare	*hier*: abschrecken; erschrecken
spento	aus(geschaltet)
sperare	hoffen
spettacolo *m*	Vorstellung
sposato	verheiratet
spostare	verschieben
stanco	müde
stare *irr* attento	aufpassen
stare *irr* vicino a qu.	jmd. nahestehen
stava (stare)	(es) ging
storia *f*	Geschichte
strano	seltsam, merkwürdig, komisch
strumento *m*	*hier*: Gerät
stupito	erstaunt
succedere *irr*	geschehen, passieren
successo *m*	Erfolg
suola *f* di gomma	Gummisohle
suonare	klingeln
svegliare	aufwecken
sveglio	wach
svogliato	lustlos

tanto più	*hier*: zumal
tenere *irr* duro	durchhalten
tesoro *m*	Schatz
testa *f*	Kopf
tirare (su)	ziehen, (hoch)heben
toccare	berühren
togliersi *irr*	abnehmen
tra sé	vor sich hin
traccia *f*, tracce *pl*	Spur
tradire	verraten
tranquillo	ruhig
trascurare	vernachlässigen
tremare	zittern
trovare	finden
turno *m*	Schicht
uccidere *irr*	töten
ultimamente	in letzter Zeit, jüngst
ϟ un buon partito *m*	eine gute Partie
un paio di	ein paar
uomo *m* d'affari, uomini *pl* d'affari	Geschäftsmann
urlare	schreien
vederci *irr* chiaro	(etw.) durchschauen
vedovo/a *m/f*	Witwe(r)
venire *irr* fuori	herauskommen
vergogna *f*	Scham
verità *f*	Wahrheit
verso	in Richtung; gegen (Zeit)
via	*hier*: komm; los
violento	gewaltsam
visita *f*	Besuch
viso *m*	Gesicht
vivace	lebhaft
voce *f*	Stimme
voleva (volere *irr*)	(er/sie) wollte
voto *m*	*hier*: (Schul)Note

Indice degli esercizi